おやつですよ

くり返し作るわたしの定番レシピ集

なかしましほ

文藝春秋

はじめに

「お菓子」じゃなく「おやつ」。

素朴であたたかい雰囲気のすることばが好きです。

慌ただしく立ち回っている時でも、

「おやつですよ」

その一言で、ふっと緊張がとけます。

実家はお店をしていたので、小さい頃、母はいつも忙しくしていました。
だからたまに手を休めておやつを作ってくれることがあると
特別な感じがしてほんとうにうれしく、姉と競争して食べたものでした。
そうやって母が作ってくれたもの、
近所のお店やさんのなんてことないケーキ、
大人になって好きになったあれこれ……
たくさんのおやつの記憶が、今の自分の味に繋がっているように思います。

その後、仕事として料理を作るようになりましたが、
家のおやつは何も決めずに、気の向くままに台所に立ちます。

バターや生クリームを使ったものが食べたくなることもあれば
ひんやり冷たいデザートを口にしたい時も。
それを自由に作る。そして誰かと一緒に（ひとりでも）食べる。
「また作って」って言われてうれしかったり。
楽しくて、かけがえのない時間です。

この本で紹介するのは、そんな風にしてわたしが普段から食べている家のおやつたち。
ごはんと違っておやつを作ることは特別なことだと思われがちですが、
気負って材料を揃えたりしなくても、
できるだけ身近なもので、気軽にちゃちゃっと作れるものばかりです。
おやつ作りはごはん作りの延長にあるということを、実感してほしいのです。

見た目がちょっとくらい不恰好に仕上がっても、
焼きすぎてしまっても、
楽しく作ることが一番じゃないかなと思っています。
そしてくり返し作るうちに、どんどんそれぞれの家のおやつの味になっていく。
この本がくたくたになった時、
おやつを作ることが、そしてそれを食べることが
特別ではない「いつもの」楽しみになっていたら、とてもうれしいです。

もくじ

ついつい作ってしまう

粉のおやつ

主役になる

のみものおやつ

おいしく作るために大切な4つのこと

1　準備が肝心

最初に材料を揃えて計量を終えておきましょう。
途中で手をとめずにすみ、作業がスムーズに進みます。

2　最初はレシピ通りに

レシピ通りに作ることで、味の好みや手順など
自分に合う加減が分かります。
2回目からはそれぞれの台所事情に合わせて
アレンジしてもらえたらうれしいです。
大さじ1＝15㎖、小さじ1＝5㎖、1カップ＝200㎖。
卵はM玉、バターは有塩のものを使っています。

3　オーブンにはクセがある

オーブンの温度や時間表示は
電気オーブンを使った場合のものです。
機種によって熱の通り方に差があるため
レシピにある温度や時間を目安に加減してみてください。

4　失敗は成功のもと

それぞれのレシピの中でもコツを紹介していますが
その他にもレシピの用語について疑問に思ったり
作ってみて「変だな」と感じたら
P.82～の『おやつですよ』失敗百科をめくってみてください。
百科の使い方もP.82で紹介しています。

ちなみに……

この本のおやつは、実際の作業時間が15分前後の
簡単なものばかりです。寝かせたり冷やしたりしている間は
お風呂に入ったり本を読んだり
気ままに過ごして待っています。

子どもの頃から大好きな

思い出おやつ

小さい頃に食べたおやつの記憶は、忘れることがありません。
たっぷりのバターや白砂糖は、菜種油やきび砂糖にかえて
あの頃の楽しい失敗を思い出しながら、今もおやつを作り続けています

バナナオムレット

材料（2個分）

生地
- 卵 …… 1個
- きび砂糖 …… 大さじ2
- 薄力粉 …… 大さじ3

クリーム
- 生クリーム …… 50mℓ（¼カップ）
- きび砂糖 …… 大さじ½

バナナ …… 1本

準備

- ・湯煎用のお湯（50〜60度くらい）を用意しておく
- ・クッキングシートを15cm四方に2枚切っておく
- ・ふたに布巾をかませて、蒸し器をあたためておく
- ・冷凍庫に氷を用意しておく

作り方

1 ボウルに卵ときび砂糖を入れ、湯煎しながらハンドミキサーで泡立てます。
人肌くらいの温度になったらお湯から外し、さらに泡立てます。
すくい上げた時に生地の跡が残るくらいのかたさが目安（図1）。
3〜5分でこのくらいの状態になります。

2 薄力粉をふるい入れ、ゴムべらで底からすくい上げるようにして混ぜます。
泡をつぶさないように手早くていねいに混ぜ、粉が見えなくなれば十分。

3 クッキングシートに生地の半量を広げ、直径約12cm（手のひら大）にのばします。
これを蒸気の出た蒸し器に入れ、弱火で3分蒸して取り出します。
（泡がつぶれないよう弱火にするのがポイント）
真ん中に竹ぐしをさして、ベタベタした生地がつかなければOK。

4 クリームを作ります。ボウルに生クリームときび砂糖を入れて
氷水を入れた別のボウルにあてて冷やしながら泡立てます。
角《つの》がゆるやかにおじぎするくらいのかたさになったらOK。

5 冷ました生地にクリームと好みの大きさにカットしたバナナをはさみます。

（図1）

母がはじめて作ってくれた洋風のおやつ。ボウルに残ったクリームをこっそり舐めたくて、この日ばかりは率先して洗い物をしていました。
慣れないうちは加減が分かりにくい卵の泡立て方ですがこれ以上もう泡立たないというくらいまで、がんばってみて下さい。その生地を蒸したら、冷めてもしっとりやわらかいオムレットケーキが出来上がります。

たまごマドレーヌ

材料（直径5㎝のアルミカップ10個分）

バター …… 30g
菜種油…… 大さじ2
A
- 卵 …… 2個
- きび砂糖 …… 60g
- レモンの皮のすりおろし（できれば国産のもの）…… ½ 個分
- はちみつ …… 小さじ1

薄力粉 …… 70g
ベーキングパウダー …… 小さじ½

準備

・オーブンを180度にあたためておく

作り方

1 鍋にバターと菜種油を入れ弱火にかけ、ゆすりながらバターを溶かします。

2 ボウルに**A**を入れ、泡立て器で混ぜ合わせます。
（泡立てなくてよいので、砂糖とはちみつがなじむまですり混ぜます）

3 これに薄力粉とベーキングパウダーを合わせてふるい入れ
粉気がなくなるまで混ぜ合わせます。

4 **1**のバターを加え、ゴムべらで底からすくい上げるように混ぜて
なめらかになるまで混ざればOK。
（この後に生地を1時間ほど冷蔵庫で寝かせると、よりおいしくなります）

5 生地をスプーンで型の7分目まで入れ、180度のオーブンで12～14分焼きます。
真ん中に竹ぐしをさして、ベタベタした生地がつかなければOK。

アツアツより
ほんのり熱さが
とれた頃が
おいしいね

実家の仏壇の前には、よくいただきもののお菓子があって食べたいものがあると、おじいちゃんを誘ってはちゃっかりおやつにしていました。マドレーヌの箱を見つけると、特にうれしかったものです。
自分で作るマドレーヌは、軽い口あたりに仕上げるために菜種油を加えます。卵の味がいきるおやつなので、ぜひおいしい卵で作ってみて下さい。

子どもの頃から凝り性だった姉は、いきなり手打ちラーメンを作って家族をびっくりさせたこともありました。ある日そんな姉が作ってくれたのが、わたしの大好きなキャラメル。とろけるような口あたりに夢中になりました。
実は、鍋ひとつでただただ煮るだけ。でも、ちょっと目を離すと焦げてしまうので一休みする時は火を止めて。溶けやすいので、出来上がったら、あたたかい場所に置きっぱなしにしないようにご用心。

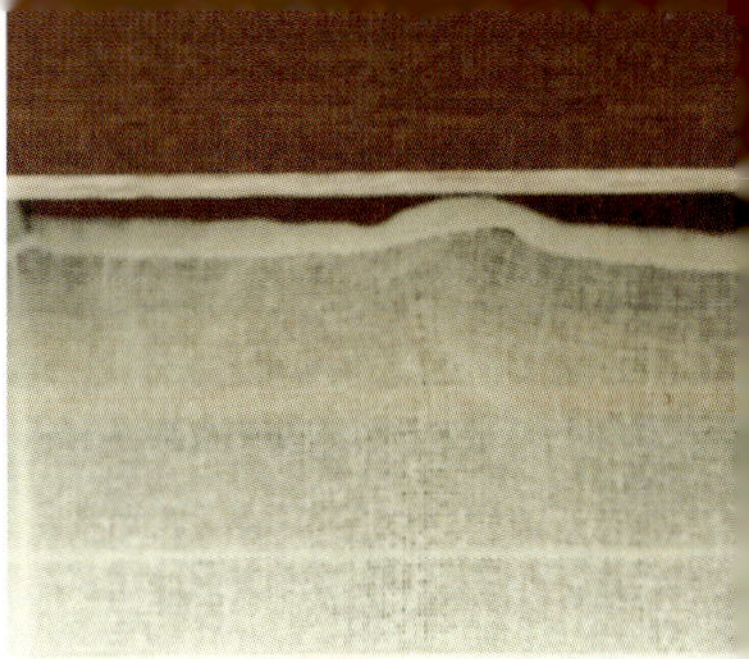

キャラメルの首かざり

材料（約30個分）

バター……40g　　はちみつ……大さじ2
きび砂糖……120g　　生クリーム……200mℓ

準備

・バット（耐熱の容器やお弁当箱でもOK。15×20cm程度のもの）
にクッキングシートをしいておく
・冷凍庫に氷を用意しておく

作り方

1　鍋に全ての材料を入れ弱火にかけ、鍋をゆすりながら砂糖を溶かします。

2　砂糖が溶けて沸騰してきたら、ゴムべらで絶えず混ぜながら煮詰めます。
6〜8分して鍋肌からぷくぷくはがれるようになり（図1）
量が半分くらいになったら一度火を止め、氷水を入れたコップに1滴たらします。
触ってみてやわらかく固まっていればOK、溶けて流れてしまうようなら
もう少し煮詰めて同じように氷水に入れてみます。

3　バットに流し入れ、あら熱がとれたら冷蔵庫に入れて1時間以上冷やし
カットできるくらいのかたさになったら取り出して好みの形に切ります。

急にもったりと
液体が中心にむかって
まとまり始める時がくるよ

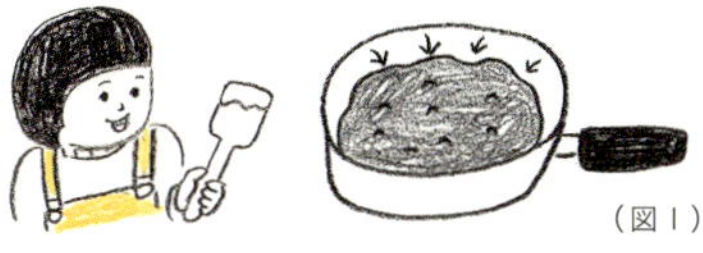

（図1）

［おまけ］　アーモンドキャラメル
アーモンド100g（生・無塩のもの）はフライパンに入れ
弱火で香ばしい香りがするまでから煎りして、細かく刻んでおく。
作り方**2**の煮詰めたところにアーモンドを加え混ぜ、同様にバットに流し入れます。

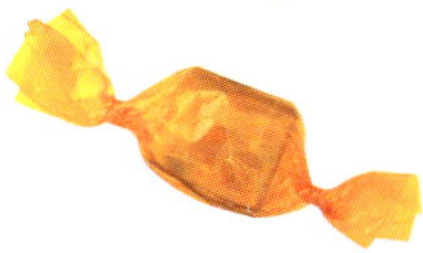

［ラッピング］
キャラメルを1個ずつオブラートもしくはカットしたパラフィン紙でくるみ
セロファンで包むとかわいい。

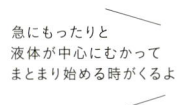

とびきりホットケーキ

材料（4枚分）

卵 …… 1個
きび砂糖 …… 大さじ2
プレーンヨーグルト …… 50mℓ
牛乳（豆乳でも）…… 100mℓ
菜種油 …… 大さじ1

A
- 薄力粉 …… 120g
- ベーキングパウダー …… 小さじ2
- 塩 …… ひとつまみ

バター、メイプルシロップ …… 各適量

作り方

1 ボウルに卵をほぐし、きび砂糖、ヨーグルト、牛乳、菜種油の順に加え
その都度、泡立て器でよく混ぜます。

2 Aを合わせたものをふるい入れ、手早く混ぜます。
しつこく混ぜるとあまり膨らまず、かたい食感になるので
ほんのすこし粉が見えているくらいがベストです。
（とにかく混ぜすぎないこと……！）

3 フライパンを中火で熱し、菜種油（分量外）を薄く塗って
お玉1杯分の生地をすくい入れ、倍くらいの大きさまでのばします。

4 3〜4分中火で焼いて、表面全体にぷつぷつ穴があいたら裏返し
ふたをしてさらに2〜3分焼き色がつくまで焼きます。
（ふんわり感がなくなるので、へらでぎゅっと押しつけないこと）
真ん中に竹ぐしをさして、ベタベタした生地がつかなければOK。

5 あつあつにバターとメイプルシロップを添えます。

2では、もういいの?!
っていうくらいでやめるのが
さっくりの秘密。
食べ始めたらとまらないよ〜

学校が休みの昼下がりに姉と作ったホットケーキ。不恰好で生焼けだったりしたけれど、焼き上がりが待ちきれない楽しさでした。どんどん混ぜては焼くだけなので、今では忙しい朝にも気負わず作っています。
ポイントは決して粉を混ぜすぎないこと。まだまだ混ぜたい気もちをぐっと我慢したら、軽くてふんわりもちもちに出来上がります。何枚でも食べられるちょっと危険なおやつです。

スイートポテト

材料（約10個分）

さつまいも …… 大1本（約400g）

A
- きび砂糖 …… 大さじ2
- バター …… 20g
- シナモン …… 少々
- 卵黄 …… 1個分

牛乳（豆乳でも）…… 大さじ2

つや出し用卵黄 …… 1個分
水 …… 小さじ1

準備

・焼きいも用にオーブンを180度にあたためておく
・つや出し用卵黄と水をよく混ぜ合わせておく

作り方

1 さつまいもは洗ってアルミホイルでふんわり包み、180度のオーブンで
60～80分焼きます。真ん中に竹ぐしをさして、中まですっと通ればOK。

2 熱いうちに皮をむいてボウルに入れ
フォークやマッシャー、すりこぎなどでかたまりがほぼなくなるまで潰します。

3 Aを加え、バターが溶けるようゴムべらでよく混ぜ合わせます。
牛乳を少しずつ加え、へらですくった時に生地がすぐ落ちないかたさが目安（図1）。
味をみて甘みが足りなければ砂糖（分量外）を足し
やわらかすぎたら鍋に入れて弱火にかけ
へらで混ぜながら水分をとばします。

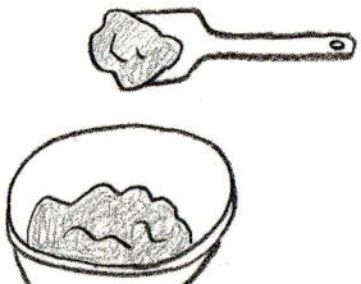
（図1）

4 オーブンを200度にあたためておきます。

5 さつまいものあら熱がとれたら、ラップにピンポン玉大（大さじ約2杯）をのせ
ねじって茶巾を絞るようにして丸めます。ラップを外しクッキングシートに並べ
表面につや出し用の卵黄を指先で塗ります。

6 200度のオーブンで15分焼き、表面に焼き色がつけば出来上がり。
途中で焦げてしまう時は、上にアルミホイルをかけて。

3でやわらかすぎたら
ココット皿に入れて
焼いたっておいしいよ

はじめてスイートポテトを食べた時、ほんとうにさつまいもの味がしてびっくりしました（大きくなるまで、近所の和菓子屋さんにあった白あんにシナモンをまぶしたさつまいも形のお菓子が、スイートポテトだと信じきっていたのです）。ちょっと面倒かもしれませんが、じっくり焼きいもから作るときっと想像以上の味に驚くはず。「スイートポテトってこんなにおいしかったんだ！」と見直してしまいます。

作り方

1 鍋に生クリームを入れ弱火にかけ、時々鍋をゆすり
鍋肌がふつふつ沸騰してきたら火からおろします。

2 刻んだチョコレートを一度に加え
なめらかに溶けるまでゴムべらで混ぜ合わせ、洋酒も加えます。

3 バットに流し入れ、あら熱がとれたら冷蔵庫で2時間以上冷やします。
(余裕があれば、半日くらい冷やすとベスト)

4 シートごと取り出して、包丁やカードで12等分にします。

5 手で丸めてココアや抹茶を入れた容器に入れ
ゆすりながら粉を全体にまぶします。
手の温度でチョコが溶けやすいので丸める時は手早く作業します。

バレンタインが近くなると「ことしもそろそろ作るよ！」という母の号令のもとに夜ごはんを終えた台所へ、姉とわたしが集まります。「これって鹿の何かに似てるよね～」なんてげらげら笑いながら、三人で丸めたものでした。

家では丸い形が定番ですが、包丁でカットしてココアをまぶすだけでも十分です。

シンプルな材料で出来るので自分の好きなチョコレートで作ってみて下さいね。

鹿トリュフ

材料（直径2.5cm 約12個分）

チョコレート …… 100g
生クリーム …… 40mℓ
洋酒…… 小さじ1（ラム、ブランデー、コアントローなど好みのもの）
ココアパウダー、抹茶 …… 各適量

準備

・チョコレートは包丁で細かく刻んでおく

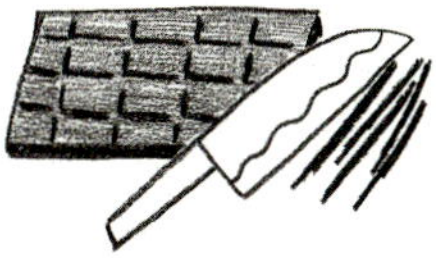

・バット（耐熱の容器やお弁当箱でもOK。12×12cm程度のもの）にクッキングシートかラップをしいておく
・ココア、抹茶をバットなどの容器にそれぞれ入れておく

もっちりおやき

材料(6個分)

A
- 薄力粉 …… 120g
- ベーキングパウダー …… 小さじ½
- きび砂糖 …… 大さじ1

水 …… 60mℓ

差し水 …… 50mℓ

準備

・中の具材を用意しておく
(家のお惣菜の残りから甘いものまで
何を包んでもOKなのが、おやきのいいところ。
ただし、水分が少ない具の方が包みやすい)

作り方

1 ボウルにAを入れ、手で全体をさっと混ぜます。

2 水を加えたら手早くこねて、生地がしっとりひとつにまとまればOK。
(こねる時間は1分くらい)
ラップに包んで冷蔵庫で30分寝かせます。

3 包丁やカードで生地を6等分にし、丸めます。(べたつく時は手粉を少量ふって)
具はピンポン玉大(大さじ約2杯)に丸めます。

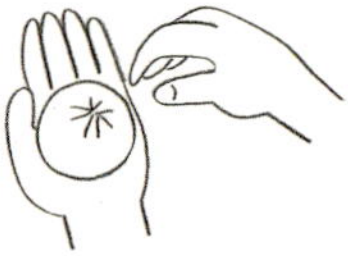

4 丸めた生地をめん棒で直径約8cm(手のひらより小さめ)に
のばし、具を真ん中にのせて、ひだを寄せるようにして包みます。

5 フライパンを中火で熱して油(分量外)を薄くひき、両面を焼いて焼き色をつけます。

6 とじ目を下にして弱火にし、差し水を鍋肌にそってまわし入れます。
ふたをして8〜10分蒸し焼きにして火を通します。

おやきに合う具

[あんことくるみ] あんこ(市販のものでも)に
煎って粗く刻んだくるみを好みの量足したもの

[じゃがいも] じゃがいもは皮をむき一口大にカットしてやわらかくゆでる。
水気を切って粗くつぶし、多めの菜種油、塩こしょうでしっかりめに味をつける。
そこへ塩ゆでして小口切りにしたインゲンを加えたもの

*P.36全粒粉のパイのりんご煮もよく合います

祖母が時々買ってくるおやきには、きんぴらや塩味のあんこが入っていて、小さいわたしは「しょっぱい味のものなんておやつじゃない！」とあまり好きではありませんでした。
それが今では、おむすびみたいに手軽に作れて、甘いものもしょっぱいものも、何でも包んでいつでもどこでも食べられる自由なおやきが大好きになりました。
おばあちゃんにも作ってあげたかったなあ。

クレープの誕生会

材料（直径20cm 8〜10枚分）

薄力粉 …… 100g
きび砂糖 …… 大さじ1
卵 …… 2個
牛乳（豆乳でも）…… 250mℓ
バター（菜種油でも）…… 10g（菜種油の場合は大さじ1）

準備

・バターは鍋に入れて弱火であたためるか
　湯煎にかけて溶かしておく。油の場合はそのまま
・卵と牛乳をよく混ぜ合わせておく

作り方

1 ボウルに薄力粉をふるい入れ、きび砂糖を加えて泡立て器でさっと混ぜます。

2 混ぜた卵と牛乳をすこしずつ加えて、粉気がなくなるまで混ぜます。

3 バターを加えて混ぜたら、ざるでこして、冷蔵庫で1時間ほど寝かせます。

4 フライパンを中火で熱して、油（分量外）を薄くひき
お玉1杯弱の生地を流し入れ、手早くフライパンを回して薄く広げます。

5 ふちがちりちり乾いてはがれてきたら竹ぐしなどで裏返し
両面にうっすら焼き色がつくまで焼きます。

6 同様に残りの生地を焼き、好きな具材を包んで食べましょう。

［クレープに合う具］
ホイップクリーム …… 生クリームに砂糖を入れて泡立てたもの
チョコソース …… 刻んで溶かしたチョコレートにあたためた牛乳を好みの量加えたもの
その他フルーツ、あずき、生野菜、チーズ、ハム、ツナマヨネーズ、ミートソースなど

都会から越してきたお友達の誕生会に招かれた時のこと。テーブルの上にはお母さんが作った、たくさんのクレープがありました。本でしか見たことのなかったクレープがおうちで食べられる。しかも自分で好きな具を選べるなんて！——忘れられない思い出のおやつです。生地は冷蔵庫でしっかり寝かせると、すべすべの薄いクレープが焼けますよ。焼いたクレープは冷凍もできるので、たくさん作って朝ごはんにするのも楽しいですね。

いくらでも
食べられる、
おいしさ∞！
ひゃー！

小さかった頃

おじいちゃんからこっそりおやつをもらってはごはんを残してしまい、母に叱られるくいしんぼうな子どもでした。デコレーションされたかわいく華やかなケーキよりも、素朴な焼き菓子がお気に入り。いまだに流行のスイーツにはうといのですが、好みはその頃からあんまり変わらないんだなと思います。

生まれ育った新潟の野山をかけめぐってへんな虫を集めたり、科学雑誌の付録で実験をするのが大好き。男の子みたいだったわたしが、食べるだけでなく作ることに興味をもったのも、材料同士を混ぜるだけで固まったり膨らんだりすることが、どこか実験みたいでおもしろそうだったから。スポンジケーキはかちかちにかたく、シュークリームはぺっちゃんこ。それでも家族がほめてくれるので、調子にのって作り続けました。憧れのオーブンを手に入れてからは、小学校に運び込んで「おりょうりクラブ」を作ったり、こうと決めたら一直線。はかりとにらめっこしながら試作をくり返すおやつ作りを一生の仕事とするきっかけになった、最初の記憶です。

今も実家で現役のオーブン。ふとんの中でくり返し読んだお菓子の本やハンドミキサーなど、全部大事にとってあります

ついつい作ってしまう

粉のおやつ

焼いただけの粉のおやつは、ふだん着の洋服のよう。
からだに心地よく、すっとなじむ
そんな茶色のおやつがどうしても好きなんです

焼きチーズケーキ

材料（直径15㎝丸型）

クリームチーズ …… 250g
（一般的なサイズの1箱分）
きび砂糖 …… 80g
卵 …… 2個
プレーンヨーグルト …… ½カップ（100mℓ）
生クリーム …… 100mℓ
レモン汁 …… 大さじ2（約½個分）
薄力粉 …… 大さじ3

準備

・型にクッキングシートをしいておく。
　底が抜ける型の時は
　さらに底をアルミホイルで覆う（図1）
・クリームチーズは室温にもどしておく
　（指がすっと入るくらい）
・オーブンを180度にあたためておく

作り方

1 ボウルにクリームチーズを入れ、ゴムべらで練ります。
やわらかくなったら、きび砂糖を加えよく混ぜます。

2 泡立て器に持ち替え、卵（1個ずつ入れる）、ヨーグルト、生クリーム、レモン汁の順に加え、その都度よく混ぜます。

3 薄力粉をふるい入れ粉気がなくなるまで混ぜたら
目の粗いざるでこして型に流し入れます。

4 180度のオーブンで50分焼きます。
真ん中に竹ぐしをさして、ベタベタした生地がつかなければOK。
途中で焼き色がつきすぎてしまった時は、上にアルミホイルをかぶせて。
冷めたら型に入れたままビニール袋に入れて、冷蔵庫で冷やします。

こうすると生地が
もれ出すのを
防げるんだね
（図1）

ボトム(クッキー生地)をしかずに、材料をどんどん混ぜて焼くだけ。シンプルにチーズのおいしさを味わうケーキです。作りたての時はちょっとだけとんがっているチーズの味が寝かせることで他の材料となじむので、とてもまろやかにおいしくなります。前の晩に作って翌日のおやつにするのがわが家のパターンです。

ほろ甘チョコケーキ

材料（15㎝角型）

チョコレート …… 100g
菜種油 …… 50㎖

卵 …… 2個
きび砂糖 …… 50g
牛乳（豆乳でも）…… 100㎖

A ┌ ココア …… 40g
  └ ベーキングパウダー …… 小さじ⅓

準備

・チョコレートは包丁で細かく刻んで菜種油とともにボウルに入れ湯煎にかけて溶かしておく
・型にクッキングシートをしいておく
・オーブンを180度にあたためておく

作り方

1 ボウルに卵ときび砂糖を入れ、泡立て器で1～2分ほど泡立てます。
少し白っぽくとろりとすれば十分。オムレット生地ほど泡立てなくてOKです。
（もしくはハンドミキサーの中速で30秒泡立てても）

2 溶かしたチョコレート、牛乳の順に加え、その都度よく混ぜ
Aをふるい入れ、粉気がなくなるまで混ぜます。

3 ゴムべらで型に流し入れ、180度のオーブンで30分焼きます。
しっとり仕上げたいので、真ん中に竹ぐしをさして
生地がほぼついてこなければOK。

チョコは鹿トリュフの時と
同じようにエンピツを
削り出すみたいにやると
湯煎のとき楽だね

焼きたて熱々はしゅわっとした口溶けのスフレのよう。アイスクリームを添えると何ともしあわせな気もちになります。冷やせばきゅっと生地がしまって、濃厚なブラウニーのように。どちらもおいしくて捨てがたい、2通りの食べ方が楽しめるチョコレートケーキです。とりわけ、甘いものが得意でない男性に人気なんですよ。

メイプルマフィン

くるみ＆レーズン　ココア＆ココナツ

材料（直径7㎝のマフィン型3個分）

A
- 薄力粉 …… 100g
- ベーキングパウダー …… 小さじ1
- 塩 …… ひとつまみ

B
- メイプルシロップ …… 50㎖
- 牛乳（豆乳でも）…… 50㎖
- 菜種油 …… 50㎖

・くるみ＆レーズンの場合
くるみ …… 20g
レーズン …… 大さじ2

・ココア＆ココナツの場合
ココア …… 大さじ1
ココナツファイン …… 大さじ2

準備

・くるみはフライパンでから煎りして粗く刻んでおく
・マフィン型に紙カップをしいておく
型の代わりに、プリン型や耐熱性のカップなどでもOK
・オーブンを180度にあたためておく

作り方

1 ボウルにAをふるい入れます。
（ココア＆ココナツの場合は、ここでココアを混ぜます）

2 中心を少しくぼませて、Bを一度に加え
泡立て器でぐるぐるっと手早く混ぜます。
混ぜすぎると焼き上がりがかたくなるので、粉気がほぼなくなれば十分。

3 くるみとレーズンを加え、ゴムべらでさっと混ぜます。
（ココア＆ココナツの場合は、ここでココナツを加えます）

4 マフィン型の7分目まで生地を入れ、180度のオーブンで25分焼きます。

一番おいしいのは、焼きたての熱々よりも少し熱がとれた頃。
菜種油で作るので、冷めてもかたくなりにくいマフィンです。
混ぜすぎないようにすればふんわり口溶けよい仕上がりに。
翌日食べるなら、アルミホイルで包んでオーブントースターであたためるのがおすすめ。

ゆずパウンド

材料（18×9×6㎝のパウンド型）

卵……2個

きび砂糖……80g

A
- 生クリーム……100㎖
- 菜種油……40㎖
- ゆずのしぼり汁……小さじ1
- ゆずの皮のすりおろし……1個分
- ブルーポピーシード……小さじ1

B
- 薄力粉……120g
- ベーキングパウダー……小さじ1

準備

・型にクッキングシートをしいておく

・オーブンを180度にあたためておく

・卵は使う30分前に冷蔵庫から出しておく

作り方

1 ボウルに卵ときび砂糖を入れ、泡立て器で1〜2分ほど泡立てます。
少し白っぽくとろりとすれば十分。オムレット生地ほど泡立てなくてOKです。
（もしくはハンドミキサーの中速で30秒泡立てても）

2 Aを一度に加え、よく混ぜます。

3 Bをふるい入れたら、泡立て器でぐるぐるっと手早く混ぜます。
混ぜすぎると焼き上がりがかたくなるので、粉気がほぼなくなれば十分。
ゴムべらで生地を型に流し入れ、180度のオーブンで40分焼きます。

ポピーシード（けしの実）は、
スーパーのスパイスコーナーに
あることも

バターの代わりに生クリームを使った、ふんわり軽い食感のパウンドケーキです。思い立ったらすぐに作れるので急なお客さまやプレゼントにも重宝します。
レモンやみかんなど、他の柑橘で作ってもOKです。ただし果汁を入れすぎてしまうとふんわり焼き上がらないので風味づけは皮で楽しむのがおすすめの配合です。

全粒粉のパイ

材料（2個分）

A
- 薄力粉 …… 100g
- 全粒粉 …… 25g
- きび砂糖 …… 大さじ½

バター …… 60g

冷水 …… 40〜50mℓ

準備

・バターは1cm角に切り、冷蔵庫で冷やしておく

・オーブンを180度にあたためておく

作り方

1 ボウルにAを入れ、お米をとぐように手でふんわり混ぜ合わせます。

2 バターを加え、粉にバターをなじませるようにして指先ですり混ぜます。
バターのかたまりがほぼなくなったら
冷水をすこしずつ加え、生地を練らないようにひとつにまとめます。
（ここまでフードプロセッサーを使ってもOK）

3 ラップで生地を包み、冷蔵庫で1時間寝かせます。

4 台の上に手粉を少量ふって
めん棒で生地を厚さ4㎜くらい（15cm×20cm）にのばしたら
フォークで全体に空気穴をあけ、2等分にカットします。

5 生地の半分に中身をのせて折りたたみ
フォークでとじ目を押して密着させ、表面にナイフで切れ目を入れます。

6 クッキングシートをしいた天板にのせ、180度のオーブンで30〜35分焼きます。

パイに合う中身

［りんご煮］ 酸味のあるりんご2個（大きめなら1個）の
皮をむき、一口大に切って鍋に入れ
きび砂糖大さじ3と水50mℓを加えて弱火でふたをして蒸し煮する。
沸騰してりんごの水分がたくさん出てきたら、ふたを取り火を強め水分がとぶまで煮たもの

［チョコ&バナナ］ スライスしたバナナと板チョコ

［あんこ&さつまいも］ やわらかく煮てつぶしたさつまいもとあんこ

わたしの作るパイは生地を折りたたんだりせずにまとめてのばしただけの気軽なものです。全粒粉の風味を生かして素朴な風合いに仕上げます。
焼きたてさくさくのパイ生地と、とろっとしたりんごの組み合わせは格別。他にも旬のいろんな素材と組み合わせては一年を通してパイ作りを楽しんでいます。

りんごケーキ

材料（直径15cm丸型）

卵 …… 2個
きび砂糖 …… 60g
菜種油 …… 70mℓ

A
- 全粒粉 …… 120g
- アーモンドプードル …… 20g
- ベーキングパウダー …… 小さじ1/3

B
- くるみ …… 20g
- りんご …… 1個（約200g）
  （できれば紅玉など酸味のあるもの）
- ラムレーズン …… 大さじ2
  （レーズンをラム酒に1日以上漬けたもの）
- シナモンパウダー、ナツメグパウダー …… 少々

準備

・ラムレーズンを用意しておく
・型にクッキングシートをしいておく
・くるみはフライパンでから煎りし、粗く刻む
・りんごはたてに6等分して、5mm厚さのいちょう切りにする
・オーブンを170度にあたためておく

作り方

1 ボウルに卵ときび砂糖を入れ、泡立て器で1〜2分ほど泡立てます。
少し白っぽくとろりとすれば十分。オムレット生地ほど泡立てなくてOKです。
（もしくはハンドミキサーの中速で30秒泡立てても）

2 菜種油を加え、全体になじむまでよく混ぜます。

3 Aをふるい入れ、ゴムべらで底からすくい上げるように手早く混ぜ
粉気がなくなってきたらBを加えさっと混ぜます。
（りんごに粉が絡まっている感じです）

4 型に流し入れ、170度のオーブンで50〜55分焼きます。
真ん中に竹ぐしをさして、ベタベタした生地がつかなければOK。
途中で焼き色がつきすぎる場合は、上にアルミホイルをかけて。

粉がぎゅっと詰まってどっしり。甘さは控えめでおだやかな味。なんとなく落ちこんでいる時は、心がざわざわしないこんなケーキが食べたくなります。
たくさんのりんごに対し、粉が少なく感じてちょっぴり心配になりますが、だいじょうぶ。焼き上げるとりんごの水分が粉にしみこんで、しっとりしたケーキになります。

みかんシフォン

材料（直径17㎝シフォン型）

卵 …… 4個
きび砂糖 …… 70g
はちみつ …… 小さじ1
菜種油 …… 大さじ2
みかん …… 1〜2個
薄力粉 ……80g

準備

・みかんの皮をすりおろし
　果汁をしぼって50mℓ用意しておく
・卵白と卵黄をそれぞれボウルに入れ
　卵白は冷凍庫で5〜10分ほど冷やしておく
・オーブンを170度にあたためておく

作り方

1 ボウルに卵黄、きび砂糖の半量、はちみつを入れて泡立て器で軽くすり混ぜ
菜種油、みかん果汁、みかんの皮の順に加え、その都度よく混ぜます。

2 薄力粉をふるい入れ、粉気がなくなるまでよく混ぜます。

3 卵白をハンドミキサーで泡立て、白っぽく泡立ったら残りの砂糖を2回に分けて加え
きめ細かく、角《つの》がゆるやかにおじぎするくらい（図1）のメレンゲを作ります。

4 ゴムべらに持ち替えて、**2**にメレンゲを3回に分けて加え
その都度泡を消さないよう、底からすくい上げながら手早く混ぜます。

（図1）

5 生地を型に流し入れ、170度のオーブンで35分焼きます。
空き瓶などに逆さにして冷まし、完全に冷めてから包丁で生地を外します（図2）。

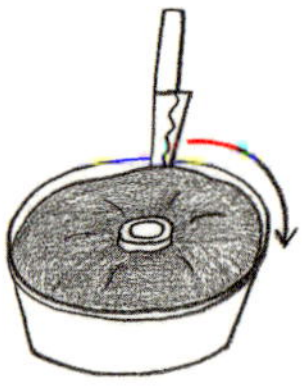

（図2）

シフォンを型から外す時は
型にナイフの刃先を
沿わせるようにするのが
コツだってよ

果汁だけの水分で焼き上げた、やさしいみかん色のしっとりもっちりシフォン。柑橘系のシフォンは生地がぐんぐん膨らむので、初心者の方にもおすすめのフレーバーです。
素材の味がしっかり伝わるよう、ホイップクリームは添えずに。とってもやわらかいので、切り分けた後はフォークではなくぜひ手でちぎって食べてみて下さいね。

似たものクッキー

配合と作り方は
似てるのに
全然ちがう味わいだね！

バタークッキー

作り方

1 ボウルにAを入れて
手で軽く混ぜ合わせます。

2 バターを加え、粉になじませるように
指先ですり混ぜます。

3 大きなかたまりがなくなったら
水を全体にふり入れて
ひとつにまとめます。
2～3回練ってなめらかになればOK。
(まとまらない時は水を少し足して)

4 ラップに生地を置き
8㎝の長さの棒状にして包み
1時間ほど冷蔵庫で寝かせます。

5 8㎜の厚さにスライスして
クッキングシートをしいた天板にのせ
170度のオーブンで30分焼きます。
天板の上で完全に冷ますと
サクッと仕上がります。

玉ねぎビスケット

作り方

1 ボウルにAを入れて
手で軽く混ぜ合わせます。

2 菜種油を加え、粉になじませるように
手のひらですり混ぜます。

3 大きなかたまりがなくなったら
玉ねぎを加えて練らないように混ぜ
ひとつにまとめます。
(まとまらない時は
玉ねぎを少し足して)

4 クッキングシートに生地を置き
めん棒で4㎜厚さにのばします。
(べたつく時はラップをあてて)
包丁やカードで切れ目を入れ
フォークで空気穴をあけます。

5 シートごと天板にのせ
170度のオーブンで30分焼き
天板の上で完全に冷ましてから
切れ目に沿って割ります。

味は全く違いますが、配合や作り方がとてもよく似ているふたつのクッキー。手順を覚えたら、色んな材料でアレンジができます。

バタークッキーはすり混ぜるとあっという間に出来るので、せっかちな自分には合っているような気がして、シンプルなバターのお菓子が食べたい時に作ります。

玉ねぎビスケットは「おつまみ用かな？」と思ったのですが、案外ちびっこにも人気。

玉ねぎの汁気がしっかり出るよう、細かいおろし金ですりおろすのがポイントです。

バタークッキー

材料（約10枚分）

A
- 薄力粉 …… 80g
- 全粒粉 …… 20g
- きび砂糖 …… 大さじ2

バター …… 40g
水 …… 大さじ2～

準備

・オーブンを170度にあたためておく
・バターは1cm角に切り冷蔵庫で冷やしておく

玉ねぎビスケット

材料（約20枚分）

A
- 薄力粉 …… 80g
- 全粒粉 …… 20g
- 塩 …… ふたつまみ

菜種油 …… 大さじ2
玉ねぎのすりおろし …… 大さじ2（約30g）～

準備

・オーブンを170度にあたためておく
・玉ねぎは、なるべく水分が出るように目の細かいおろし金などですりおろしておく（生地をまとめやすくするため）

モカロール

「コーヒー味のケーキが食べたい」—— 元々は甘いものがあまり得意ではなくて、でもおいしいものが大好きな友人からのリクエストで生まれたケーキです。

モカロールといえばバタークリームが一般的ですが、もっとさっぱり仕上げたくてコーヒーの苦みがきいた生地には、酸味のあるヨーグルトクリームを合わせました。

今では、ひと口食べてその組み合わせにすっかりはまってしまう人が多い、人気のケーキになりました。

6 天板から取り出して網にのせ、あら熱がとれたら表面にラップをかぶせ
乾燥させないようにして冷まします。

7 さわやかクリームを作ります。
生クリームに砂糖を加え、氷水を入れたボウルで冷やしながら泡立てます。
角《つの》がゆるやかにおじぎするくらいのかたさになったら
ヨーグルトを加えよく混ぜます。
（バタークリームのような、重くもったりしたかためのクリームになればOK）

8 冷めたモカ生地のシートをはがし、焼いた面を上にしてクリームをのばします。
（巻き終わりは5㎝くらい塗らないでおくときれいに巻けます）

9 手前から巻いたら（図2）ラップで包み、冷蔵庫で30分冷やします。

（図2）

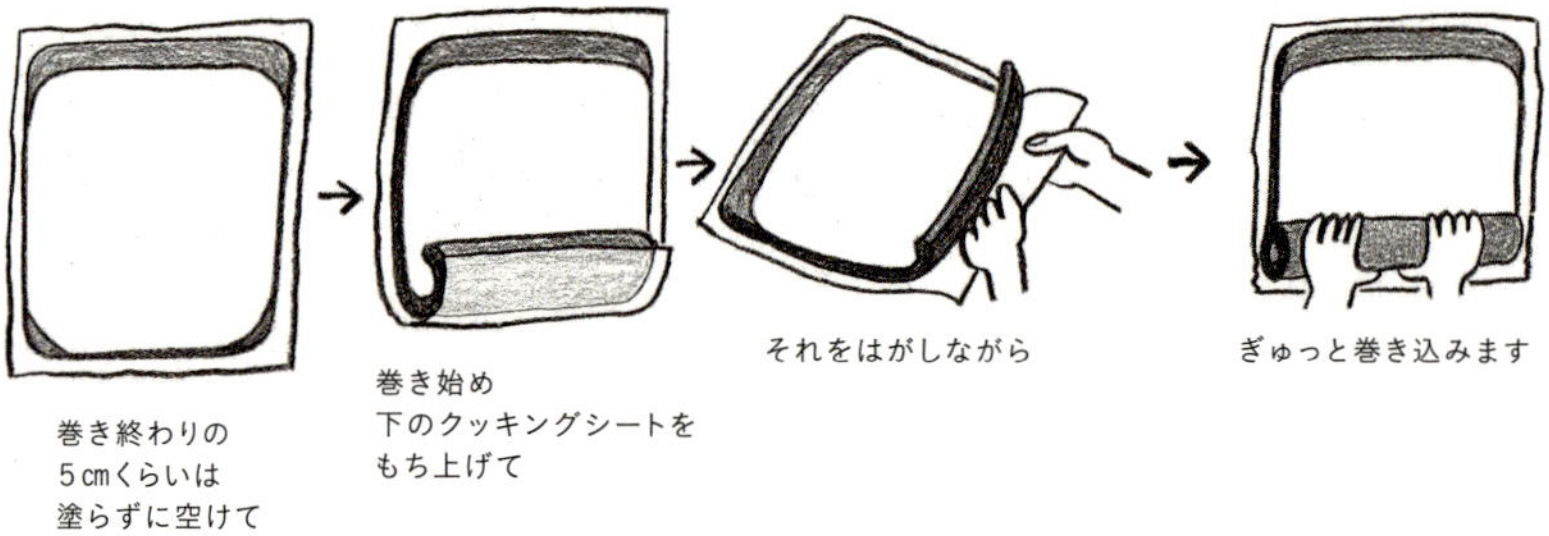

塗らずに空けて

もち上げて
それをはがしながら
ぎゅっと巻き込みます

このさわやかなクリームに
夢中になる人続出！フフフ…

モカロール

材料(30㎝角の天板1台分)

モカ生地
卵……3個
きび砂糖……70g
菜種油……大さじ1
コーヒー液
……インスタントコーヒー大さじ3に
　熱湯大さじ2を加えてよく溶いたもの
薄力粉……50g

さわやかクリーム
プレーンヨーグルト……1パック(500g)
生クリーム……150mℓ
きび砂糖……50g

準備
・ヨーグルトをコーヒーフィルターなどに入れて、冷蔵庫で半日〜一晩水切りしておく
（思った以上に水分が出るので、コーヒーサーバーや深めの器を下にあてておく）
・天板にクッキングシートをしいておく
・卵白と卵黄をそれぞれボウルに入れ、卵白は冷凍庫で5〜10分冷やしておく
・オーブンを190度にあたためておく
・冷凍庫に氷を用意しておく

作り方

1 ボウルに卵黄ときび砂糖の半量を加え、泡立て器で軽くすり混ぜ
菜種油、コーヒー液の順に加え、その都度よく混ぜます。

2 粉をふるい入れ、粉気がなくなるまでよく混ぜます。

(図1)

3 卵白をハンドミキサーで泡立て、白っぽく泡立ってきたら
残りの砂糖を2回に分けて加えます。
さらに角《つの》がピンと立つまで(図1)泡立て、かためのメレンゲを作ります。

4 **2**にメレンゲを3回に分けて加え
その都度、底からすくい上げるように、ゴムべらで手早く混ぜます。

5 生地を天板に流して表面をカードなどで平らにならし
190度のオーブンで12分焼きます。

くり返し作るわけ

わたしにとって日々のおやつは、単なる間食ではなくて、あるとほっとするもの、心が和らぐもの。気もちに作用する存在です。そんな理由から、仕事ではfoodmood（フードムード）という名前でおやつ作りを続けています。

食の仕事をしていると、普段から次々と新しいレシピを生み出しているように思われるのですが、家のおやつは気に入ったものをしつこく作っていることの方が多いです。レパートリーはたくさんなくとも、お母さんがお得意メニューをくり返し作るように、作り慣れた定番のものがいくつかあれば十分。一番好きなのは、滋養があって体にすっとなじむ「ごはんのようなおやつ」たち。焼きっぱなしの茶色いおやつが多いのですが、時には季節のものを加えてアレンジしてみたり。そのくらいのさじ加減が自分にはちょうど合っているような感じがします。

きっと小さい頃の実験好きの血が、がんこな自分の味覚を何とかしてくれているのですね。

つるんと食べたい

デザートおやつ

時には口あたりのいいひんやりしたおやつが食べたくなります。
食べすぎて体を冷やさないように気をつけてはいるのですが
おいしくて、「ちょっとだけ」がなかなか難しいのです

常温でも固まりやすく扱いがかんたんな寒天はものぐさな自分に合っていて、野菜中心の生活をしていた時に、豆乳やジュースを固めてはスプーンですくって食べていました。
ミルクかんはコンデンスミルクを加えることで、ミルキーな風味に仕上がります。これにぴったりなのが酸味のあるいちごのマリネ。バルサミコが入っていることが分かるとびっくりされますが、濃厚なミルク味には酸味とコクが加わったいちごがとてもよく合うのです。食後のデザートにもぴったりのおやつです。

ミルクかんといちごマリネ

材料（容量500㎖入るバットや流し缶など）

ミルクかん

粉寒天…… 小さじ1

コンデンスミルク…… 大さじ3

牛乳…… 400㎖

いちごマリネ

いちご（よく熟したもの）…… 1パック

きび砂糖…… 大さじ3

バルサミコ酢…… 大さじ2

作り方

1 ミルクかんを作ります。
鍋に全ての材料を入れ、中火にかけ絶えずへらで混ぜます。
沸騰したら弱火にして、さらに2分ほど加熱します。

2 水でさっとぬらした容器に流し入れ
あら熱がとれたら冷蔵庫で1時間以上冷やし固めます。

3 いちごマリネを作ります。いちごは洗ってへたをとり
1つを2～4等分にカットしてボウルに入れ
きび砂糖、バルサミコ酢を加え、
全体がなじむようにスプーンなどでざっくり混ぜます。
冷蔵庫で30分ほど冷やしておきます。

4 マリネのボウルに食べやすくカットしたミルクかんを入れて
さっくりと混ぜ、汁ごと器に盛ります。

予想をうらぎられる
味の組み合わせで
一口食べたら
やみつきに！

抹茶のくずプリン

材料（500㎖入るバットや流し缶・ボウルなど）

抹茶……大さじ1
葛粉……20g
きび砂糖……大さじ3
牛乳……400㎖
あずき……適量

作り方

1 ボウルに抹茶をふるい入れ、葛粉、きび砂糖を加えたら
分量の牛乳のうち少量を加えてなじませます。
ゴムべらや指先で葛のかたまりをつぶし、残りの牛乳も加えて溶かします。
それを目の細かいざるで一度こしておきます。

2 鍋に移し中火にかけて、ゴムべらで絶えず混ぜながら
ぷくぷく沸騰してとろみがついてきたら弱火にし
さらに5分ほど混ぜながら加熱します。
（沸騰してすぐ火を止めると、食感が粉っぽくなってしまうことがあるので
しっかり火を入れておきます）

3 水でさっとぬらした容器に流し入れ
あら熱がとれたら冷蔵庫で2時間以上冷やし固めます。

4 器に盛って、あずきを添えます。

混ぜるというより
練るという感じ。
鍋の底や側面が
焦げやすいので
気をつけ！

おやつだけでなく、料理に使ったりしょうが湯を作ったりと葛はとても便利な材料で、小瓶に入れて常備しているほど。その葛を牛乳で練り上げる抹茶風味のくずプリンは、濃厚で上品な味わい。とろみがついてからもしばらく煮ることで粉っぽさが抜けてなめらかな食感になります。少し根気がいりますが、がんばって。ムースやババロアとも違う、もちっとした食感が新鮮ですよ。

おとうふババロア

材料（プリン型やそばちょこなど4個分）

木綿豆腐……100g（約⅓パック）
生クリーム……50㎖
豆乳……200㎖
きび砂糖……40g
粉寒天……小さじ½

作り方

1 フードプロセッサーやミキサーに豆腐を入れて
なめらかになるまで回し、ボウルに移しておきます。
（すり鉢に入れてするか、粗めのざるでこしても）

2 鍋に豆腐以外の材料を入れたら弱火にかけ
ゴムべらで絶えずかき混ぜながら沸騰させます。
沸騰して粉寒天が溶けてもすぐ火を止めず、さらに2分ほど煮ます。
（火の入れ方が短いと、冷やしても固まらないことがあるので注意）

3 **2**を熱いうちに豆腐の入ったボウルに少しずつ加え
なめらかになるよう泡立て器で混ぜます。

4 ざるなどで一度こして、水でさっとぬらした型に流し入れ
あら熱がとれたら冷蔵庫で1時間以上冷やし固めます。

5 好みのソースを添えます。（写真はみかんジャムを水でのばしたもの）

豆腐の風味が控えめに、でもちゃんと伝わる、食後にぴったりのやさしい味です。黒蜜やあずきはもちろん、ジャムをゆるめにのばしたソースと一緒に食べるのもおすすめ。
型から外して食べるなら、ナイフや竹ぐしで側面をくるっと回すときれいに出せます。

寝かせてフルーツヨーグルト

材料（作りやすい分量）
プレーンヨーグルト …… ½パック
好みのドライフルーツ
　……（プルーン、杏なら3〜4個、マンゴーなら3〜4枚、
　　　ブルーベリーなら大さじ2〜3杯など）

作り方
1　好きなドライフルーツを一口大にカットして
　ヨーグルトの中に漬け込みます。

2　冷蔵庫で一晩寝かせます。
　（あまり長く漬けると、フルーツのおいしい味が
　全部抜けてしまうので、2〜3日で食べ切ります）

杏

プルーン

マンゴー

ブルーベリー

ギャッ！
生き返った

しわしわが
プルンプルン！

昔働いていたお店で教えてもらってから、色々なフルーツで試しています。ヨーグルトの水分をドライフルーツが吸ってびっくりするほどふっくらジューシーに。代わりにヨーグルトの方は、水分がほどよく抜けて濃厚な味わいに感じられます。フルーツは１種類ずつ漬け込むと、味が混ざらずいい具合に。

むちむちクラフティ

材料（直径20㎝ 深さ5㎝の耐熱の器）

薄力粉 …… 大さじ3
卵 …… 1個
メイプルシロップ …… 大さじ3
牛乳（豆乳でも）…… 250mℓ
ラム酒（好みで）…… 小さじ1
バナナ …… 1本

トッピング（好みで）

ホイップクリーム（生クリームにきび砂糖を加えてやわらかく泡立てたもの）…… 適量
メイプルシロップ …… 適量

準備

・器に薄く油（分量外）を塗っておく
・オーブンを180度にあたためておく

作り方

1 ボウルに薄力粉をふるい入れ、卵とメイプルシロップを加え
泡立て器でなめらかになるまでよく混ぜます。

2 牛乳を少しずつ加え、ラム酒も入れてよく混ぜたら、器にこし入れます。

3 バナナを一口大にカットして全体に散らし
180度のオーブンで30分を目安に、よい焼き色がつくまで焼きます。
真ん中に竹ぐしをさしてみて、とろっとした生地が中からあふれ出なければOK。
（もし器が深ければ、よい焼き色がついてきたら上にアルミホイルをかぶせ
焼き時間を長めにして火を通します）

4 あら熱がとれたら冷蔵庫で冷やし
好みでホイップクリームやメイプルシロップを添えて食べます。

器に油を塗るのは
指でやると楽ちんだね

プリンとケーキを足したようなむっちりした食感のクラフティ。はじめて食べた時、その不思議な食感におどろきました。バナナの他にはいちじくやベリーなどのフルーツを焼き込んでもよく合います。さっと火を通したさつまいもやかぼちゃもおすすめですよ。

『おやつですよ』の七つ道具と定番材料

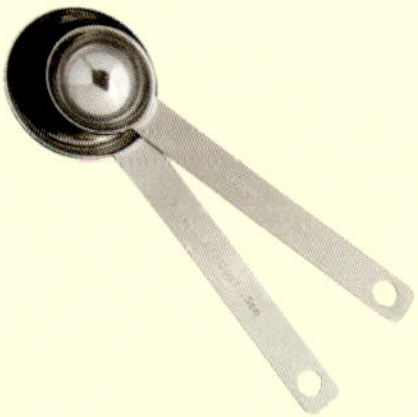

1　大さじ小さじ

ほとんどのおやつ作りに登場。さじの部分に深さがあると、量の見極めがしやすい。どちらか1本ではなく、大さじと小さじの両方を揃えましょう。

2　デジタルのはかり

1台あると便利。計量に慣れると重さから完成形のイメージがつかめるようになり、どんどん上達する気が。ホームセンターなどで1000円〜購入可能。

5　ぬれ布巾

わたしのおやつ作りに不可欠なのがぬれ布巾。泡立てたり混ぜたりする時、常にボウルの下に。ボウルが滑らず安定するので、落ち着いて作業できます。

七つ道具のこと

あったら便利というより、これがないと困る！と実感している道具たちです。よく「仕事道具が少ない」と驚かれますが、何しろ整理がへたなので、スペースも限られている中でできるだけ物を持ちたくないというのが本音です。上の七つ道具はどれもくり返し使っているものばかり。あとはお好みで選んでもらえたらと思います。

オーブンのこと

あえて七つ道具には入れませんでしたが、焼き菓子好きのわたしにとっては、これも重要な道具。最近は手頃な値段のオーブンレンジが増えてきたので、興味が出てきた時に揃えてもらえたら、きっとどんどん世界が広がりますよ。オーブントースターで作る場合は、ある程度中が広くて温度調整ができると

3　計量カップ

目盛りが見やすければ200～250㎖サイズで十分です。10㎖単位のものがベストですが、50㎖単位のものなら、さじと組み合わせて計量しても。

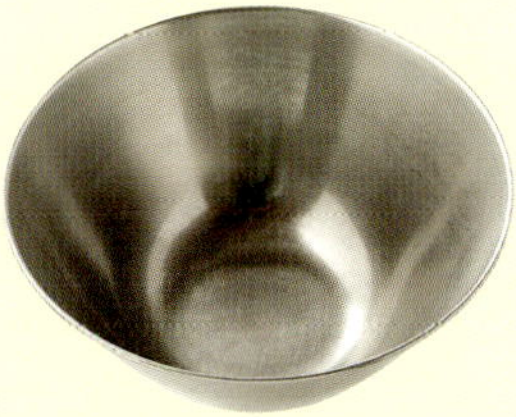

4　ボウル

持ちやすく手になじむ形を選びます。ステンレスは熱の伝導がいい。基本は大・小のセット。余裕があれば同じサイズが2つずつあると作業が楽です。

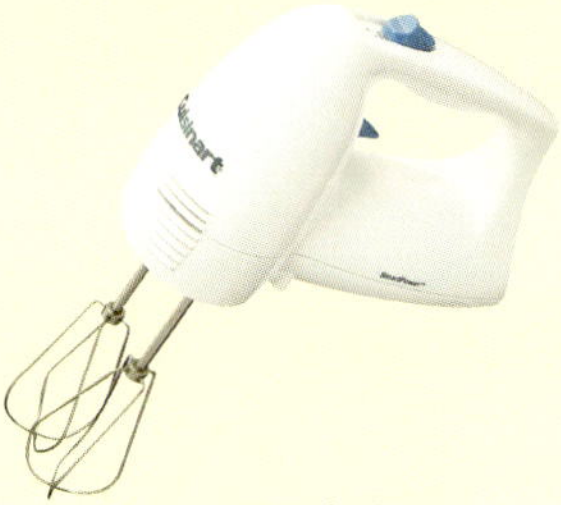

6　ハンドミキサー

電動の泡立て器はホームセンターなどで1000円前後～購入可能。あるとあっという間に泡立つので億劫にならず、どんどんおやつが作りたくなります。

7　ゴムべら

耐熱のシリコン製がおすすめ。木べらよりもよくしなって、隅まできれいにこそげとれます。炒めものや煮ものなど、ごはん作りにも日々活用します。

ベストですが、そうでなくても途中でアルミホイルをかぶせるなど、工夫して試してみてください。オーブンはとても個体差があって、同じ温度設定でも、黒く焦げたり中が生焼けだったりということも。クセをつかんでおくことも大切です。

代用できます

もちろん、道具がないからおやつは作れないということはないのです。わたし自身、クッキー生地をのばす時にはめん棒の代わりにラップの芯を使うことも。材料を準備したり冷やしておく時に小さいボウルがなければお茶碗で代用したり、表示と同じ型がなくたって、深い型なら焼き時間を長めに、浅いものなら短めに。少しの違いならあまり気にせず、温度や時間を加減して作ってみてほしいなと思っています。

1　卵

できるだけ、自然に近い環境で飼育された鶏の卵を使うのがいいなと思って選んでいます。このの本のレシピでは、Mサイズのものを使用しています。

2　小麦粉

しっとりもっちり焼き上がる、国産の薄力粉を選ぶことが多いです。選択肢があれば、全粒粉は薄力タイプを。開封したら冷蔵庫で保存しています。

3　菜種油

コクがあっておいしく仕上がるところが好き。菜種油がなければ太白ごま油やクセの少ないオリーブオイル、グレープシードオイルなどを使います。

4　砂糖

おだやかな甘みで体にゆっくり吸収されるきび砂糖、てんさい糖を主に使っています。ちょっぴり高いのですが、メイプルシロップも大好きです。

材料のこと

「特別な材料が必要そう……」それがおやつ作りを億劫に感じる一番の原因だと密かににらんでいるのです。だからできるだけ家にあるもので作れたらいいなと思っています。基本になる材料は粉、卵、砂糖に菜種油。時々メイプルシロップ、バターなど、日々のごはん作りにも使えるものがほとんどです。

選び方のこと

味全体を左右する基本の材料は、自分がおいしい、好きだと思うものを使っています。何種類もあったら、一番高いものと一番安いものはさけています。質がよくても材料費がかかりすぎては、おやつ作りは続きません。逆に妙に安いものは、その理由を考えて躊躇《ちゅうちょ》してしまったり……（もちろん例外もあるのですが）。すると自然に決まります。

思いついたらすぐに作れる

ささっとおやつ

ふだんから家にあるものに
ちょっと手を加えるだけで出来るおやつがいいなと思っています。
ごはんに一番近いおやつかもしれません

南国むしパン

材料（直径6㎝のプリン型4個分）

卵……1個
きび砂糖……40g
菜種油……大さじ1
ココナツミルク……80㎖
A［薄力粉……100g
　ベーキングパウダー……小さじ1
ドライマンゴー……4枚

準備

・プリン型（マグカップや耐熱の器でも）の中に
　クッキングシートをしき込んでおく
・マンゴーは1㎝角にカットする

作り方

1　ボウルに卵ときび砂糖を加え
砂糖のざらざらした感じがなくなるまですり混ぜます。
（泡立てなくてOK）

2　菜種油、ココナツミルクを順に加え、その都度よく混ぜます。

3　Aをふるい入れ、泡立て器でぐるぐるっと手早く混ぜ、マンゴーも加えます。
混ぜすぎると生地がかたくなるので、粉気がほぼなくなれば十分。

4　プリン型に生地を6〜7分目まで入れて、鍋に並べます。
プリン型の半分の高さまで鍋に熱湯を注ぎ
布巾をかませたらふたをして、中火で15分蒸します。
竹ぐしで真ん中をさして、ベタベタした生地がつかなければOK。

ちやほやされるケーキとは違ってむしパンは昔から少し地味な存在。だけど、蒸したてのおいしさはケーキには負けていませんよ。
いつもの牛乳をココナツミルクに変えるだけで、なんだかアジアの香りのする味になりました。甘いものだけじゃなくチーズや野菜などしょっぱい具材を入れたり、大きい型で蒸しても楽しい。バリエーションは無限です。

おとうふ白玉

材料（約30個分）

白玉粉 ……100g　　　木綿豆腐 ……150g（約½パック）

作り方

1 ボウルに白玉粉を入れ、豆腐を少しずつ加えて
白玉粉に水分を吸わせるようになじませていきます。
最初は粉のかたまりがつぶれにくいのですが、少しずつ混ぜていくと
どんどんなめらかに。耳たぶのかたさを目安にこねます。
（もしやわらかくなりすぎた時は白玉粉を少量足し
逆にかたい時は豆腐をすこし足します）

2 一口大に丸めたものをたっぷりの沸騰したお湯に入れゆでます。
（真ん中をすこしへこませておくと、火の通りが早いです）

3 浮き上がってきてさらに1分ほどゆでてから、冷水にとります。

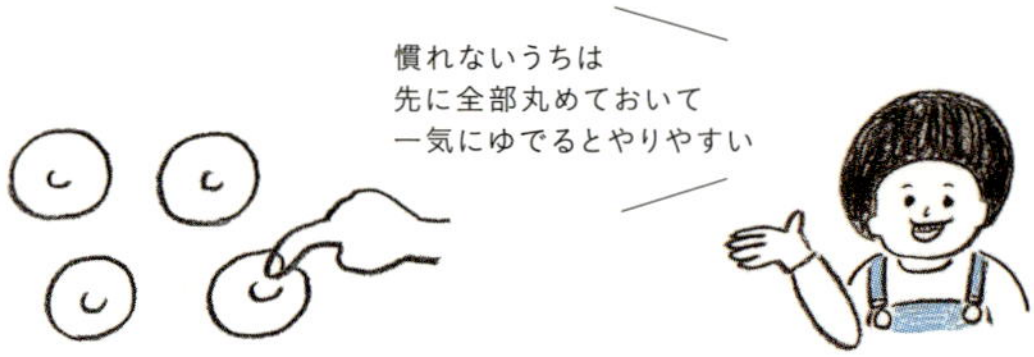
慣れないうちは
先に全部丸めておいて
一気にゆでるとやりやすい

おいしい食べ方いろいろ

[みたらしあん]

材料（作りやすい分量）
A［しょうゆ…… 大さじ2
きび砂糖 ……50g
水……100mℓ］
水溶き片栗粉 …… 片栗粉大さじ1弱に水50mℓ

作り方
鍋にAを入れて中火にかけ、沸騰して砂糖が溶けたら
水溶き片栗粉を加えとろみをつける

[ココナツ汁粉]

器に白玉をよそい、ココナツミルク、あずきを添えます
冷たくても、あたためてもおいしい

他にもきなこ＆黒蜜で食べたり、おすましにも合います

夏の給食ではフルーツポンチに、冬はおすましに――みんなが大好きな白玉だんご。作っていると、あの白くて丸い愛らしい形に、なんだか気もちが和んでしまいます。
豆腐で練った白玉は、時間がたってももっちりやわらか。白玉粉だけで作るよりあっさりしているので、お腹がふくれません。でも、たくさん食べたら同じこと？

ラスク

バター＆しょうが　　メイプル

材料（作りやすい分量）

パン …… フランスパン½本
（油脂や味があまりついていない、シンプルなパンでもOK）

・バター＆しょうがの場合
　バター…… 50g
　きび砂糖…… 50g
　しょうがのしぼり汁…… 大さじ1

・メイプルの場合
　メイプルシロップ…… 50mℓ
　菜種油 …… 大さじ1
　水…… 大さじ1

準備

・パンは7㎜くらいの厚さにスライスし
　150度のオーブンで水分がとんで乾燥するまで焼く。（目安は15〜30分くらい）
・しょうがはすりおろして、しぼり汁を大さじ1用意する
・バターは鍋に入れ弱火であたためるか、湯煎して溶かしておく
・オーブンを150度にあたためておく

作り方

1 ＜バター＆しょうがの場合＞
溶かしバター、きび砂糖、しょうがのしぼり汁をよく混ぜます。
＜メイプルの場合＞
ボウルにメイプルシロップ、菜種油、水を加え泡立て器でよく混ぜておきます。

2 パンに**1**を好みの量塗ります。 メイプルはさっと浸しても。

3 クッキングシートをしいた天板にパンを並べ、150度のオーブンで
ほんのり焼き色がつくまで15〜30分焼き
オーブンから出して天板の上で冷まします。

1本買っても、食べきれないことが多いフランスパン。台所の片隅で、かたくなってしまうこともしばしばです。そんな時は迷わずラスクにしましょう。
しょうがをぴりりときかせたバターのリッチな味わいと、とろりとしたメイプルのコクのある甘さ。交互に食べていると止まらなくなるおいしさです。保存瓶に入れてプレゼントしても喜ばれますよ。

あまからナッツ

材料（作りやすい分量）

好みの生ナッツ……100g
（くるみ、アーモンド、カシューナッツ、マカダミアナッツなど取り合わせて）
メイプルシロップ……50mℓ
自然塩……好みの量

準備

・ナッツはフライパンに入れ、弱火で香ばしい香りが出るまでから煎りするか
120度のオーブンで15分焼いておく

作り方

1 フライパンにメイプルシロップを入れ、中火にかけます。
沸騰しはじめると、全体に白っぽく大きな泡が立ってきます。

2 1分くらい煮詰めると、大きめの泡がシャボン玉のように
ぱちぱち消えはじめるので、そのタイミングでナッツを一気に加えます。
全体に絡めたら好みの量の塩をふって火を止めます。

3 そのままへらで大きく混ぜ続けていると、糖分が結晶化して白っぽくなってきます。
ぱらぱらとほぐれてきたら、クッキングシートの上にあけ冷まします。
くっついているのはバラバラにほぐします。（熱いので気をつけて！）
容器に入れる場合は完全に冷ましてから。

止まらなくなるので
ひとりで食べるのは
危険です

「好きなお菓子の材料は？」と聞かれたら、思わずメイプルシロップとナッツと答えてしまいます。そのくらい大好きなふたつの素材の組み合わせ、おいしくない訳がありません。甘いところに塩が入ると、ぐっとお酒のおつまみに近づくような気がします。ただし入れすぎると味がくどくなってしまうので気をつけて。

ふたつのほくほくしたおやつ。
あずきかぼちゃは「いとこ煮」とも呼ばれ、昔から冬至の頃によく食べられるもの。メイプルで甘みをつけると食べやすく、おやつにぴったりです。
レモン煮は、風邪をひいた時に食べたいやさしいお母さんの味。レモンを多めに入れると、さっぱりします。
どちらも一つの鍋で煮るだけ。常備菜のようなおやつです。

煮たものおやつ

あずきかぼちゃ

材料
かぼちゃ……¼個
あずき（乾燥）……½カップ（約80g）
（もしくは甘みのないゆであずき缶でもOK）
A ［メイプルシロップ……大さじ3
　 しょうゆ……小さじ1
塩……適宜
水……適宜

準備
・あずきは煮くずれない程度にやわらかくゆで
水気を切っておく
＜あずきの煮方＞
あずきを洗ってたっぷりの水とともに
火にかける。強火にかけ2回ほどゆでこぼし
また水を加えて弱〜中火で
やわらかくなるまで煮る。
水が少なくなったら途中で適宜足す。

作り方

1 わたを取って一口大に切った
かぼちゃを鍋に入れ
水をひたひたに加え中火にかけます。

2 沸騰したら弱火にして
あずき、Aを加え、落としぶたをして
煮汁が少なくなるまで煮て
塩少々で味をととのえます。
（目安は15〜30分）

さつまいもとりんごのレモン煮

材料
りんご……1個
さつまいも……りんごとほぼ同量（小〜中1本くらい）
レモン汁……大さじ1
きび砂糖……大さじ2
水……100mℓ

準備
・さつまいもは皮をむいて1cmの厚さに切り
（小さければ輪切りに、大きければ半月切りに）
水にさっとさらす
・りんごは皮をむいて4〜6等分にして芯を取り
1cm厚さのいちょう切りにする

作り方

1 厚手の鍋（ル・クルーゼやビタクラフト、
鋳物など厚みのあるもの）に
りんごを入れて、レモン汁と
きび砂糖を加え全体をさっと和えます。
上にさつまいもを重ねます。

2 水を全体にまわしかけたら
ふたをして強火にかけます。
沸騰してりんごからも水分が出てきたら
全体をさっくり混ぜ、弱火にして20〜30分
さつまいもがやわらかくなるまで煮ます。
（シロップ煮のようにさつまいもの形を
残して仕上げてもいいし
火を強めて煮汁をとばしながら
さつまいもを軽くつぶして
きんとんのようにしてもおいしい）

お茶のはなし

おやつの時間には、毎度のようにほうじ茶かコーヒーどちらかが一緒です。

カフェインの少ないほうじ茶はいつ飲んでも安心だという気軽さがあり、一日中保温ポットに用意しています。レシピの試作をして迷った時も、無意識に「これはほうじ茶に合うかな？」と考えています。インパクトが強すぎたり複雑すぎる味は、なんだかしっくりこない。ほうじ茶に合う味を基準に考えると、自分の味がぶれないのです。おいしいほうじ茶は「沸かしたてのお湯でたっぷり作る」、これにつきると思っています。

一方、いただきものだったり何か特別なおやつがある時はコーヒーを。本当は時間をかけて丁寧にハンドドリップするといいのでしょうが、ついつい急いでしまって「おいしい豆を使えばだいじょうぶ」とずいぶん豆頼りです。その代わり新鮮な豆をできるだけこまめに買います。多めの豆を粗めに挽いて、さっといれるのが好みです。

主役になる

のみものおやつ

1杯飲んだら元気が出たり
体が芯からあたたまったり。
満足感があって効き目が早いのが
のみものおやつのよいところ

ジュースバー

暑い夏の日、ジュースバーみたいに好きなものを選べたら楽しいかも——そのままでおやつとして満足できる、のみものおやつを集めました。しょうがの辛みをぴりっときかせたり、梅の酸味ですっきりさせたり、素材で清涼感を味わえるように工夫しています。とはいえ、冷たいものは体を冷やしやすいので、ほどほどにお楽しみを…！

ジンジャーエール

辛味はあっても後味すっきり。真夏の野外イベントでは何百杯も作りました。寒い日にはお湯で割っても。

材料(作りやすい分量)

しょうが……２パック(約200g)
水……300mℓ
きび砂糖……150g
ソーダ……適量
(甘みがあるもの、ないものどちらでも)

作り方

1 しょうがはよく洗って皮ごと
すりおろすか、適当な大きさに切って
フードプロセッサーにかけます。
(フードプロセッサーにかける場合は
分量の水の一部を加えると
すりおろしに近い状態になります)

2 鍋にしょうがと水、きび砂糖を加え
中火にかけます。沸騰したら
火を少し弱め、あくを取りながら
15分ほど煮詰めます。
これをこしたらシロップの完成。
清潔な保存瓶に入れます。
(冷蔵庫で２週間ほど保存可能)

3 グラスに氷とシロップを適量入れ
ソーダを注いでよく混ぜます。

こどもサングリア

フルーツは、漬け込まずフレッシュなままで味わう、子どもも大丈夫なノンアルコールのサングリアです。

材料(作りやすい分量)

ぶどうジュース……400mℓ
パイナップルジュース……200mℓ
レモン……½個
シナモンスティック……１本
フルーツ……好みの量
(オレンジ、バナナ、グレープフルーツ、
りんご、桃など好みのもの)

作り方

1 ピッチャーにぶどうジュースと
パイナップルジュースを入れ
皮をむいてスライスしたレモンと
シナモンも加えて、冷蔵庫で
１時間以上冷やしておきます。

2 フルーツは皮をむきます。
オレンジやグレープフルーツは
房から出し、バナナや桃、りんごは
食べやすくスライス。

3 自分のカップにフルーツを
好きなだけ入れて、ジュースを注ぎます。
(好みによってソーダで割ってもおいしい)

梅ソーダ

梅仕事の中で一番簡単なシロップ作り。瓶に
入れて放っておくだけです。ばてやすい夏、
このジュースに何度助けられたことか。

材料（作りやすい分量）

青梅……500g
きび砂糖（てんさい糖でも）……500g
ソーダ……適量
（甘みがあるもの、ないものどちらでも）

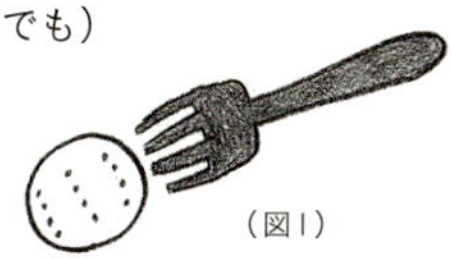

（図1）

作り方

1 青梅はよく洗い、
へたを取り、水気をていねいにふきます。
竹ぐしやフォークで全体に穴をあけます（図1）。

2 清潔な保存瓶（煮沸消毒するか
焼酎などアルコールで中をよくふいたもの）
に梅ときび砂糖を交互に加え、最後に梅の頭が
出ないよう砂糖で覆い、冷暗所に置きます。
（暑い場所に置くと発酵しやすくなるので注意）

3 少しずつ砂糖が溶け、梅からエキスが出るので
1日に1回くらいやさしく瓶をゆすります。

4 10日〜2週間ほどで砂糖が全部溶けたらシロップの完成。
梅は取り出して、シロップは冷蔵庫で保存します。
（冷蔵庫で1ヶ月ほど保存可能）

5 グラスに氷とシロップを適量入れ、ソーダを注いでよく混ぜます。

スダチャン

不思議な名前をしていますが、ヴェトナム
ではポピュラーなジュース。ヨーグルト風味
のさっぱりした味わいです。

材料（1人分）

ライム（レモンでも）……1個
コンデンスミルク……大さじ2〜3
牛乳……150mℓ

作り方

1 ライムはしぼって
果汁を大さじ2用意します。

2 すべての材料をよく混ぜ
氷を入れたグラスに注ぎます。

シロップは
季節の果実でできるので
色々試してみるのが
たのしみー

ほうじミルク

材料（2〜3人分）

ほうじ茶葉 …… ひとつかみ
水 …… 100mℓ
牛乳 …… 300mℓ
きび砂糖（黒糖でも）…… 適量

作り方

1. ほうじ茶葉はミルサーやすり鉢で細かく挽き、大さじ2用意します。（キッチンペーパーで包み上から刻むように包丁をあてても）
2. 鍋に水を入れ中火にかけ沸騰したら挽いた茶葉を加えて火を止め、軽く鍋をゆすってなじませます。
3. 牛乳を加えて弱火にかけふつふつと沸騰したらさらに2〜3分煮出します。
4. カップにこして好みの量のきび砂糖を加えます。（砂糖を多めに入れて甘くすると苦みとのバランスがよくなります）

カフェインが少ないほうじ茶なら、夜に飲んでもだいじょうぶ。あたたまって、よい眠りにつけそうです。少し手間ですが、ほうじ茶は茶葉のままでなく細かく挽くことで、ミルクに負けない風味が出せます。

あんず甘酒

材料（作りやすい分量）

ドライあんず …… 10個
水 …… 50㎖
はちみつ …… 大さじ2
甘酒 …… 適量

甘酒は「甘くて苦手」という方も多いのですが、酸味のきいたあんずピュレを加えると、くせになるおいしさです。
温かいのはもちろん、夏の暑気払いに冷やして飲むのもおすすめです。

作り方

1 あんずのピュレを作ります。
鍋にドライあんずがひたひたになるくらいの水（分量外）を加え弱火で、水分がとんであんずがやわらかくもどるまで煮詰めます。
かたさが残る場合は途中で水を足します。

2 やわらかくなったらミキサーかフードプロセッサーにはちみつ、水とともに加えなめらかなピュレにします。
すり鉢やフォークでつぶす場合はあんずのみを先につぶしてから水、はちみつを加えます。

3 これをふたたび鍋に移し弱火にかけ、へらで絶えず混ぜながら、一度ふつふつと沸騰させます。

4 あたためた甘酒1人分をカップに入れ、あんずピュレを大さじ1程度加え、軽く混ぜて飲みます。
（残ったピュレは、清潔な保存容器に入れ、冷蔵庫で3日ほど保存可能）

『おやつですよ』失敗百科

みなさんがこの本のレシピを活用していく中で、「失敗したかな?!」と思ったら、ためしに、この百科をめくってみて下さい。

当百科は、みなさんにより気軽に、「もう一回やってみよう」と思っていただけたらなあという考えの下に編まれており、レシピの中に出てくる「どうも一般的な表現のようだが分からない」と、もじもじして訊けないような用語や、色々な失敗などで成り立っています。著者もいまだに失敗をしているのです。

―使い方―

項目は五十音順に並んでいます。

例えば、「寒天が固まらない」という事態が起こったとき、そもそも何という単語から引けばいいのか戸惑うかもしれません。「寒天」なのか「固まらない」なのか。その場合には、「寒天」からでも「固まらない」からでも、色々な単語から引けることを目指しています。

項目内の事例は、状況の分かりやすさを優先させ、順不同の場合があります。

―記号の意味

記号	意味
―	見出し語の代用
↓○○	○○を参照のこと
例)○○	○○を例に参照のこと
☞○○	その場合○○

あ

【アーモンドプードル】 アーモンドを砕いて粉末にしたもの。市販品の代わりにフードプロセッサーで砕いて代用することも出来る。油分が多いので、生地をしっとり仕上げたり、コクを出したい時に。

【和える】 「混ぜる」より一段階かき回さない状態。

さっと― ぐちゃぐちゃといじらず、手早く全体を混ぜること。

【アク】 ぐつぐつ煮ていると出てくる灰色のあぶくのこと。渋み、えぐみ、苦みなどの素となる。素材の味を生かす調理法では、アクもおいしさのうちととらえることも。

―を取る

【あずき】 あんこ、赤飯、甘納豆などに使う。粒が小さいので、あらかじめ水に浸しておかなくてもそのまま煮てよいのです。

―粒くらい あずきの大きさくらい。女性の小指のつめほどの大きさ。粗みじんにカットしたものの大きさを表現するのによく使います。

【熱々《あつあつ》】 アチチと思ってさわれないほどの状態。抹茶のくずプリンやキャラメルは、はねやすいので、やけどに気をつけましょう。焼きたてのケーキ型もまたしかり（やけど予防のオーブンミトンがわりには、軍手を二重にするのがよい）。

【あてる】 氷水に―― 生クリームを泡立てる際に重要。ボウルに氷水を入れて、内側に生クリームの入ったボウルを重ねて泡立てる。冷やさないと脂分が分離してぼそぼそのクリームになるかもしれません。→ぼそぼそ

お湯に―― →湯煎

【穴】――があく せっかく焼いたシフォンに大きな穴があいてがっかり。いくつか原因が考えられます。

①卵黄生地とメレンゲを混ぜる際にむらがある ☞泡を消さないよう手早く、でもむらがなくなるまでしっかり混ぜます。

②メレンゲの泡立てがゆるい ☞大きく膨らみますが、穴がぽっかりあくことがあります。ピンと角《つの》が立つ手前の、先っぽがおじぎするくらいのかたさ。思っている以上にしっかり泡立てましょう。

穴があく

③水分量が多すぎた ☞卵のサイズはLではありませんか？ あまった果汁も一緒に加えませんでしたか？ もったいなくてもぐっと我慢して、いっそのこと飲んでしまいましょう。

空気――をあける クッキーやパイ生地が膨らんでしまうのを防いだり、中まで火が通りやすいように、フォークなどをさして生地に穴をあけておくこと。

【油】 この本では主に菜種油を指します。

――を薄くひく 生地がくっつかないように少量の油をひくこと。たくさん入れると、仕上がりが油っぽくなったり、むらができることも。少したらして、キッチンペーパーでのばすやり方が一般的。テフロンや樹脂加工してあるフライパンだとくっつかないのでいらないことも多い。

【あふれる】 牛乳を火にかけていて鍋から目を離した隙に起こりやすい。弱火にして目を離さずに。

生地が―― 入れすぎましたね？ 焼く前の生地は7分目が目安。

【あら熱】 ――をとる 熱々のものが冷めてきて、ほんのりあたたかさが残る状態にすること。あら熱をとらずに冷蔵庫に入れると、他の食材が傷んでお母さんに叱られます。

【アルミホイル】 ものを包んだり、ものにしいたり、型を覆ったりする金属のシート。

――に包んで冷ます →冷ます

【アレンジ】 ――したら失敗した 最初はレシピ通りに。アレンジは徐々にがよいですね。

アレンジしたら失敗した

【合わせる】 混ぜ―― →混ぜる

【泡立たない】 ボウルに水や油分がついていませんか？ ものぐさはすぐにばれますよ。古い卵も泡立ちにくいです。

【泡立てる】 液体をかき混ぜて、泡が膨らんでくるようにすること。それぞれに適した泡立て方がある。生クリームは泡立てすぎるとぼそぼそになる。→ぼそぼそ

様々な泡立て方があるので、ゆるめからかための順番に記す。

白っぽくなるまで―― 初めは素材の色だったものが、空気と混ざって白みを帯び、少しもったりしてきた様子。もこもこ膨らんではいない。

角《つの》がゆるやかにおじぎをするくらいに―― 泡立て器ですくい上げた時に、先っぽがのん

びりとおじぎをして倒れてくるくらいのかたさ。生クリームならケーキの表面に塗ったり、ロールケーキに巻いた時に流れ出さないかたさ。例）P.8バナナオムレットのクリーム、P.40みかんシフォンのメレンゲ

角《つの》が立つくらいに―― 泡立て器ですくい上げた時に、先っぽがピンと立って倒れてこないかたさ。ロール生地のメレンゲや、ケーキのデコレーションで絞り出しに使ったり。例）P.47モカロールのメレンゲ

【いちょう切り】 →切る

【うるさい】 著者はかつて、深夜にケーキを焼く際に近隣への騒音を気にして、押し入れの中でハンドミキサーを回した。

【オーブンシート】 材料と、型や天板などがくっついてしまうのを防ぐ専用の紙。クッキングシート。煮る、蒸す、焼くに使えるので便利です。洗ってくり返し使える、オーブン専用のシートもあります。 →型

【落としぶた】 煮たり漬けたりするとき、材料の上に直接のせてふたをすることです。味が全体に回るようにしたり、材料が空気に触れて傷むのを防ぐため。鍋や容器の中にすっぽり入ります。専用のふたがなくても、アルミホイルやクッキングシートの真ん中に穴をあけてのせれば代用できます。

【おやつ】 江戸中期頃までは一日二食だったので、午後2時から4時頃の八つ刻《どき》に「小《こ》昼《ひる》」といって間食をしたことが「お八つ」となり、そのうち他の時間でも間食をすることがおやつと呼ばれるようになりました。著者にとってはいつ食べてもいいのがおやつ。

か

【カード】 トランプのことじゃないですよ。生地を切り分けたり、こそげたりする、手のひらサイズの主にプラスチックやシリコン製の板。ドレッジ、スケッパーとも呼ぶ。ゴムべらと同じくらい便利なもの。

【火事】 蒸し器に布巾をかませる時に布巾の端が垂れていたりすると、火が燃え移って危険。著者の知人は危ないところでした。フライパンや鍋を火にかける時も、目を離さないように。火事になったら大変です。

【型】 **――から外す** おやつが出来上がって、最後に入れものから出す緊張の時。例）P.40みかんシフォン、外し方の図

――にクッキングシートをしく しかないと、生地が型や天板にくっついてしまうことがあります（シフォン型は除く）。次のようにしてみましょう。

①容器の底にクッキングシートをあて、容器の幅を見る

②幅に沿って、シートの余り部分に切り込みを入れる

③これが展開図

④余った部分を折り込みながら、容器の内側に当てはめる

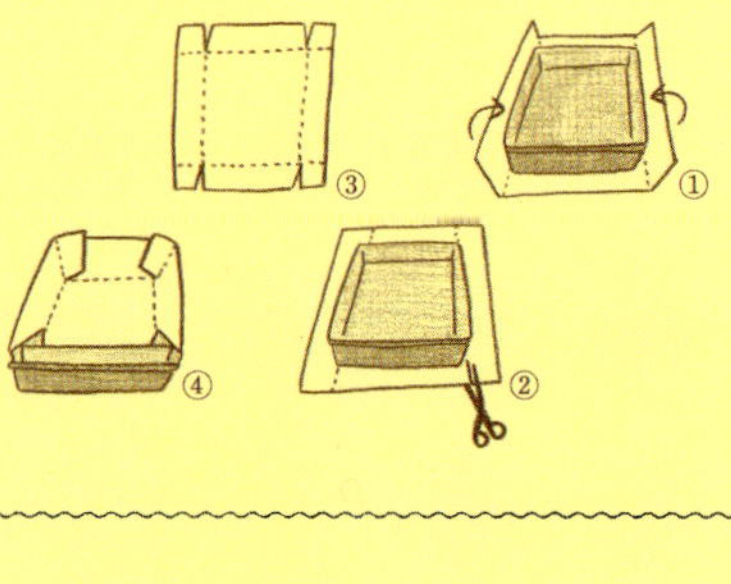

――をアルミホイルで覆う 底が抜けるケーキ型などの場合、内側にクッキングシートをしいて、さらに型をアルミホイルで覆うことで、生地がもれだすのを防げます。例）P.28焼きチーズケーキの図

――を水でさっとぬらす 寒天やゼリーなどを冷やし固める際、型をさっと水にぬらしておくことで、膜のような効果があり、つるっと外しやすくなります。

【片栗粉】 主にじゃがいものでんぷんから作

られる。葛粉と同様の使い方をします。

水溶き――　液体の中に加えるととろみがつく。沸騰した状態で加えないとだまになります。

【かたさ】　煮くずれない程度の――　火は通っているけれども形は留めている状態。竹ぐしなどをさした時にすっと中まで入るくらい、やわらかくなっているかたさ。さらに煮ていくとまわりから溶けてきて形が崩れてしまいます。

耳たぶ程度の――　耳たぶをつまんでみて下さい。その感触のような、やわらかくぷよぷよした感じ。ほっぺにも近い。指先で押してみると気もちがいい。

【固まらない】　寒天が――　固める前に火をしっかり通さなかったのではありませんか？　沸騰したあとも2分くらいを目安に加熱してみて下さいね。分量も再確認を。

チョコレートが――　お酒や水分を入れすぎませんでしたか？　好みの量と好きなだけ、は違います。難しいですね。

【カチカチ】　――の焼き上がり　粉を入れた後混ぜすぎたり粉を足しすぎたりすると、出来上がりがかたくなることが。もしくは分量を間違えていませんか？

【かませる】　ものとものとの間に、隙間があかないようにきっちりと差し込むこと。

布巾を――　→蒸す

【から煎り】　フライパンや鍋を使って、水や油を加えずに加熱すること。香ばしい風味を出したり水分をとばす時に。ナッツを――する

【皮】　――をすりおろす　→すりおろす

焼きいもの――をむく　熱々の焼きいもの皮をむく時は、指先を水でぬらしながら、または布巾をあてても。

【缶】　流し――　材料を冷やして固めるための型。主に卵豆腐や水ようかんなどに使う。オーブンには適さないものもあるので注意して。

【寒天】　テングサから作られた食材。食物繊維が豊富。主に液体を固める時に使用。棒状のものは水でふやかしてから、粉状のものはそのまま使う。常温に近い温度で固まり、無味無臭なので扱いやすい。

粉――　→粉

――が固まらない　→固まらない

【刻む】　粗く――　細かく刻みすぎると食感が物足りなく感じられるでしょう。つぶつぶが残る程度に刻む。割と適当でいい。

細かく――　チョコレートの場合には、削るように細かく刻むことで、すぐに熱が伝わり溶けやすくなります。大きさにむらがないことも大事。　例）P.19鹿トリュフ、P.30ほろ甘チョコケーキ

【生地】　――があふれる　→あふれる

――がひび割れる　モカ生地の場合、厚さにむらがあって薄い部分があったり、冷ます際に乾燥すると起こります。焼く時は均等に生地をのばして、冷ます時はラップなどで包んで乾燥を防ぎます。

――がまとまらない　さじに残った水分や油分もしっかりかきとって加えましょう。おやきやパイの場合は、寝かせることで生地がしっとり落ち着くので、多少パサッとした部分があってもだいじょうぶ。また粉の一ヶ所だけに水を加えると、そこだけ水分を吸ってしまい、分量の水ではまとまらないことも。水を加える時は全体にふりかけて手早く混ぜます。それでもまとまらない時は、耳たぶのかたさを目安に水を足しましょう。クッキー生地の場合は、しっとりなめらかな手触りになるよう水分を調整します。水分が足りないと、焼いた時にひび割れることも。

――がやわらかすぎる　あきらかに様子が違う時は、分量を間違えたのかもしれません。その場合は別のお菓子として楽しみます。クッキー、パイ、おやきで少々べたつくくらいなら、のばす時にラップを上にあてたり、手粉をふることで解消できます。

粉を直接混ぜ込むと出来上がりがかたくなってしまうので、最後の手段にしています。または水分が多かったのかも。

——を寝かせる　粉に含まれるグルテン（粘りの素になる）の働きを落ち着かせて、その後の作業をしやすくする効果と、生地の質を均一にして口あたりよくする効果があります。試してみると効果がよくわかる。油が浮き出すので玉ねぎビスケットは除く。

【きめ】　**——を整える**　卵を泡立てる際、最後にハンドミキサーの低速もしくは泡立て器で混ぜることで、泡の大きさが細やかに整います。バタークッキーを軽くこねて質感をなめらかにするためにも行います。

【巨大化】　**ドライフルーツが——する**　ヨーグルトに入れる際、一口大に切るのをなまけませんでしたか？

【切る】　**シフォンを——**　上から押し付けずに、のこぎりを引くように前後に刃を動かすと生地がつぶれない。ほとんどのケーキやパンも同様に。その他、色々な切り方があります。

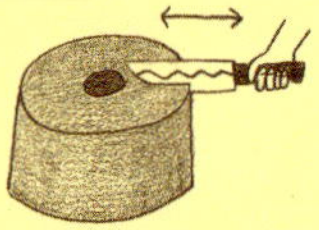

モカロールを——　クリームがついているケーキは、ナイフ（包丁）をお湯にさっとつけてあたためてふいてからシフォンと同様に切ると、切り口がきれい。

一口大　ちょうど一口で難なく食べられる大きさ。男性の親指くらいか。

輪切り　切り口が円形の材料をそのまま輪に切っていく。

半月切り　輪切りを半分にした形。先に、縦にふたつに割ってから切っていく。

いちょう切り　半月切りをさらに半分にした形。いちょうの葉に似ていることから。先に、縦に十字に割ってから切っていく。

さいの目切り　さいころの形のように一辺が1～2cmくらいの立方体に切ること。

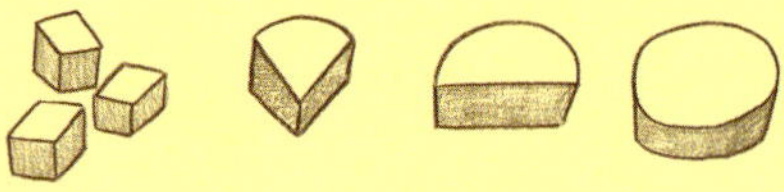

【葛粉】　葛の根を乾燥させたもの。とろみをつけるのに使う。体をあたためる効果があると言われ、漢方薬にも使われます。

【くずれる】　形がこわれたりすること。焼きたてのクッキーはくずれやすいので、動かさずに天板の上で冷ましましょう。

煮——　煮すぎてまわりが溶けたり、形がこわれること。火が強すぎたり、触りすぎたりしませんでしたか？

【クッキー】　ビスケットとの違いは、生地を練るか練らないか。練るのはクッキー。イギリス英語とアメリカ英語という話も。諸説あるようです。著者はあまり意味にはこだわらず、クッキーは「さくさく」、ビスケットは「ざくざく」というイメージを持っています。

【クッキングシート】　↓オーブンシート

【くどい】　しつこい感じ。何でも適量を過ぎるとこうなる。

【クラフティ】　元はフランスの菓子。カスタードを焼いたようなむっちりしたもの。

【結晶化】　混ぜることで砂糖が白っぽくかたまってくる様子。かびのように見えても心配ない。

くどい

【氷水】　**——にあてる**　↓あてる

【焦げる】　キャラメルやくずプリンを混ぜる時にぼーっとしていたり、オーブンの温度が高かったり、焼き時間が長すぎると表面が黒く苦い味になります。もし鍋の底が焦げた時は、焦げてない部分だけをそーっとすくい取ります。かき混ぜると、焦げ味が全体に広がって修復不可能に！　クッキーやケーキは、その部分だけ削ぎ落とします。どちらにしても、あきらめも肝心。次にい

かしましょう。

【ココナツ】 **――ミルク**　熟したココナツの実の白い果肉を削った中に湯を加え、もんで絞り出したもの。材料に加えると、にわかに南国の気分になれる。カレーに入れてもおいしいよ。

――パウダー　ココナツミルクを乾燥させたもの。小麦粉の一部として置き換えたり、余計な水分を加えたくない時にココナツミルクの代わりに使ったりする。

――ファイン　ココナツの果肉を削ったものを乾燥させて粉末にしたもの。クッキーに混ぜ込むとしゃりっとした食感と香ばしさがいきる。

――ロング　ファインよりひょろりと長さがあるもの。

【こす】　液体などに混じったかたまり、かすを、ざるや紙などで取り除くこと。

ざるで――　ふるい入れることの役割に近い。かたまりがなくなるので、口あたりがよくなります。抹茶のくずプリンは火にかける前に丁寧にこすと、出来上がりがなめらかになります。

【粉】 **――寒天**　粉末になった寒天。扱いやすい。

――気　粉っぽい感じ。粉の部分がところどころ見える。

――っぽい　水気が足りない、火の通りが足りない感じ。

――をふる　生地をのばす時に、めん棒に生地がべたべたとくっつかないようにするために少量の粉をふりかけること。ふりすぎると出来上がりがかたくなるので控えめに。ラップをあてることでも代用できます。

――をふるう　↓ふるい入れる

手――　作業中に生地がべとつかないようにするためにふる粉のこと。打ち粉。

【好み】 **――の量**　好きなだけという意味ではありませんよ。あくまで常識的な範囲で。

お――で　好きだったらそうすればいいし、好きでなければそうしなければいい。

【こぼす】　中身が流れ出ること。

ゆで――　ゆでた後のお湯を捨てて、中身だけを残すこと。やけどに注意。

【米こうじ】　甘酒を作る時に使う。

【コンデンスミルク】　加糖練乳。子どもの頃は独り占めしたいと妄想したものです。無糖練乳はエバミルク。

さ

【さいの目切り】　↓切る

【酒粕】　日本酒などのもろみをしぼったあとの白いもの。コクと独特の風味がある。甘酒や粕汁を作るときに使う。クッキーやケーキに入れてもおいしい。

【差し水】　焼いている時水を注ぎ足すこと。麺や豆をゆでる時に、ふきこぼれ予防で行う場合も。びっくり水。

【さっと】　ほんの一瞬のこと。

――和える　↓和える

【冷ます】　熱をとる。

空き瓶などに逆さにして――　シフォンを冷ます場合。型を逆さまにして、中心の空洞を瓶にさすこと。下に落ちようとする生地と型にくっついていようとする生地がはりあって、のびのびとした生地に仕上がる。逆さにしないと生地がぎゅっと詰まった感じになる。　例）P. 40みかんシフォンの写真

アルミホイルに包んで――　乾燥を防いでしっとり仕上げたい時に。熱々だと水蒸気がたまってべちゃべちゃになるのであら熱をとってから。ふんわりかぶせる。ラップでも同様の効果がありますが、かたさのあるものはホイル、やわらかいものはラップで使い分けることが多い。

天板の上で――　クッキーを焼いてオーブンから出した後、天板から外さずにその上に置いたまま熱をとること。余熱で水分が

とびカリッと仕上がる。

ラップをかぶせて―― モカロールの生地を冷ます時、ふんわりかぶせておくと乾燥を防げます。

【冷める】 熱々からあら熱がとれる状態を経て、すっかり熱がとれた状態。

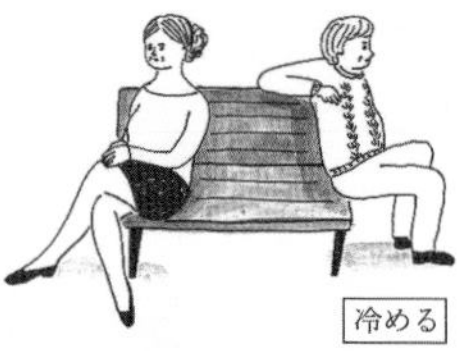
冷める

【さらす】 **水に――** →水

【ざる】 主に、目が粗めの金物の網かご。水気を切ったり、こしたり、粉類をふるったりするのに使われる。

――でこす →こす

【自然】――塩 化学処理されていない塩。にがりが多い。天然塩ともいいます。

【室温】――にもどす 冷蔵庫から出し、材料の温度を常温に近くして扱いやすくすること。バター、クリームチーズ、卵などを使う時、よく行う方法。著者は子ども時代にこれが待てなくてバターをレンジで溶かしてしまって大失敗。

【シナモン】 甘く刺激的な味と香り。好き嫌いが分かれる。シナモンの木の皮をはがし乾燥させたもの。ニッキ、桂皮とも言う。

【煮沸消毒】 保存瓶を用意する時に行う方法のひとつ。鍋にたっぷりの水と耐熱の瓶を入れて沸騰させた後、自然乾燥させる。ちゃんと乾燥させないうちに使うと、カビの元になる。

【スパイス】 刺激をもたらす。

【スライス】 輪切りにすること。

モカロールを――する →切る

【すりおろす】 おろし金などに材料をこすりつけて、材料の水分や皮などを得ること。水分をとるのが目的の場合には、粗いものではなく、目の細かいおろし金でやるとよいでしょう。レモンやみかんなど柑橘類の皮をすりおろして材料に使う場合には、白いわたまでおろすと渋くなってしまうので用心します。チーズや皮のすりおろし専用のグレイダーと呼ばれる道具もあります。

た

【竹ぐし】 つまようじがのびたような、竹で出来た細い棒。生地が焼けたかどうかを見るためには、生地の真ん中（一番厚くて火の通りが悪い部分）に竹ぐしをさしてみる。べたべたした生地がついてこなければよいことが多い。その他いろいろと細かい所に手が届く、まごの手のように便利な存在。

【食べ頃】 そのおやつが最もおいしく食べられるタイミング。見誤るとちょっと残念。ホットケーキは熱々。チーズケーキはひと晩寝かせてから。マドレーヌ、マフィンはあら熱がとれた頃など。

食べ頃

【だま】 **――になる** 粉がかたまりのまま残ってしまうこと、こさずにかたまりが残ること。ふるった後に見えるだまは、焼いている間になくなることが多いです。ただしココアや抹茶など粒子が細かいものは粗いざるでふるうとだまのまま残ります。→ふるい入れる

【茶巾】 **――絞り** あん状態にした材料を、布巾に包んで絞るようにすること。布巾の代わりにラップを使って行うこともある。材料を包み、口をひねってからラップを取ると、口元にしわしわの角《つの》が出来る。

【チョコレート】 カカオ豆を原料に加えて砂糖を練り上げたもの。製菓用もありますが、この本ではふだんのおやつ用チョコで十分ですよ。

――を刻む →刻む

【作りやすい分量】 少量作るのが作業的に適

さない場合（シロップやあんこなど）に用いられる言い回し。

【包む】 シートや紙、生地などでものの全体を覆うこと。　↓アルミホイル　↓冷ます

【包めない】 おやきの皮に欲ばって具を入れすぎです。あとは皮の口に水分や油分がついているとくっつきません。

【角《つの》】 **——が立つ** メレンゲやクリームの先がピンと立った状態。　↓泡立てる

著者は作りっぱなしで洗い物をためたままにして、お母さんの角が立ったものです。

【つぶす】 **粗く——** 口の中でときどき食感を感じる程度に、材料の形が残っているくらいの加減までつぶすこと。フォークでやることが多い。素朴さがアップする。

【つや】 **——を出す** よりおいしそうに感じさせるために、つやを出させること。

つやを出す

【適量】 常識の範囲内で、好みの量。

【手粉】 ↓粉

【テフロン】 フッ素樹脂。フライパンや鍋にこの加工がほどこしてあることが多い。つるつるとしてものがくっつきにくい。シフォン型の場合は、生地がすべって膨らみにくくなることがあるので、おすすめしませんね。

【てんさい糖】 オリゴ糖が多く含まれおなかにやさしい。ビートと呼ばれる砂糖大根が原料。北海道産のものが多い。さとうきびよりも体を冷やしにくいと言われる。でも取りすぎには注意。

【天板】 オーブンに付属する、金属製の板。てんばん、てんぱんと呼ばれる。

——の上で冷ます ↓冷ます

【豆腐】 大豆を水とともにつぶし、しぼった汁（豆乳）を加熱してにがりなどで固めたもの。絹ごし豆腐はきめ細かくなめらかで、木綿豆腐は粗めの食感。この本では、豆腐の風味と食感を楽しむため、木綿豆腐を使用しています。

【どすん】 シフォンを逆さにして冷ましている時に床に落ちた音。著者は試作の際、たびたび背後で——という音がして、シフォンが床にはがれ落ちているのを目撃しました。水分が多すぎた場合に起こります。

【ととのえる】 **味を——** 自分がおいしいと思う味にバランスを取ること。

【トリュフ】 世界三大珍味のひとつであるきのこ、その形に似ているチョコレートのことです。

【とろみ】 **——をつける** 液体をねばりのある状態にすること。やりすぎるとスライム状に。　↓片栗粉　↓葛粉

な

【鍋肌】 **——からはがれる** 液体を煮詰めていくと、鍋のふちにくっつかなくなり、中心にまとまってくるようになること。例）P. 13キャラメルの図

【生】 **——クリーム** 牛乳から分離した新鮮なクリーム。濃厚でコクがある。　↓泡立てる

——卵 新鮮なものを使いましょう。

——ナッツ 煎っていないナッツ。お菓子作りには塩や油がついていない生のナッツを選んで、好みの加減にから煎りしてから使うことが多い。

——返事 作業に没頭して生返事ばかりしているとだめですよ。

生返事

——焼け 火の通りが足りない状態。竹ぐしやつまようじで生地をさしてみて、べたべたした生地がついてくると生焼け。粉が多いどっしりした生地は火が通るのに時間がかかります。竹ぐしを何度もさしていると穴ぼこだらけになります。オーブンのクセを知ることも大事です。

【なめらか】 ――に溶ける　かたまりがなくなって、つっかかりなくそよそよと溶けている状態。

――になるまで　かたまりがなくなって通りがいい状態。

――に混ぜる　→混ぜる

【なり口】 果実のへたのついている部分。洗った後はちゃんとふかないとカビの元に。

【苦い】 焦げてはいませんか？　もしくはベーキングパウダーを入れすぎてはいませんか？　大さじ小さじを間違えて、起こりやすい事例です。

【煮詰める】 煮て水分をとばしていくこと。

【乳化】 ――させる　なじみの悪いふたつの液体を、混ぜて（強引に）なじませてしまうこと。会社のようですね。ドレッシングなどで水と油を混ぜる時によく使う。時間が経つとまた分離します。

乳化

【練る】 こすりつけるように――　ボウルの側面、もしくは台に押しつけるように、少し力を入れて練ること。生地の中の空気が抜けて、なめらかになります。

は

【歯】 ――が欠ける　その昔、著者が作ったお菓子で歯が欠けた人がいました。

【はがれる】 →鍋肌

【外す】 型から――　→型

【外れない】 クッキングシートや型からもれた生地がくっついていることも。プリンや寒天は、ナイフなどを側面に差し込んで空気の隙間を作ると、するっと外れます。　→型

【バット】 浅く四角い容器のこと。ほうろうやステンレスのものが多い。型がわりにしたり、材料の準備に使ったり、とても便利。

――にクッキングシートをしく　→型

――を水でさっとぬらす　→型

【バルサミコ酢】 ぶどうを発酵させてつくるお酢。普通のお酢よりコクがあり、個性の強い食材によく合います。

【半月切り】 →切る

【ビスケット】 →クッキー

【一口大】 →切る

【人肌】 ――くらいのあたたかさ　体温（36度前後）に近い温度をさす。ほんのりあたたかい感じ。

【ひび割れる】 →生地

【冷やす】 卵白を冷凍庫で――　メレンゲを作る前に5～10分ほどボウルに入れて冷凍庫でよく冷やしておくと、きめ細やかな泡立ちになる。ボウルが冷凍庫に入るように冷凍庫内を片付けておきますか。

冷蔵庫で30分――　モカロールを冷やすのは、生地とクリームをなじませ、落ち着かせるためです。出会ってすぐにはなじめないのです。

出会ってすぐにはなじめない

【ピュレ】 果実類をすりつぶし、煮詰めたもの。清潔な瓶につめておかないと、かびが生えます。

【ピュレ状】 ピュレに近い状態にしたものです。

【フードプロセッサー】 フープロ。水分があまりなく、固形のものを砕く時に便利です。小さすぎても大きすぎても使いにくいので何に使うことが多いか考えて選びましょう。　→ミキサー

【太る】 作ったものを独り占めして全部ひとりで食べる

太る

と太ります。

【ふるい入れる】 粉類をふるわずに使うと、だまが残ってしまい口あたりが悪くなります（クッキーやパイなど例外もあり）。

→だま 空気を含ませたいので、ボールとふるい（ざるでもいい）の間は拳ひとつ分くらいあけましょう。粉が舞い散るのがいやだったら、ボウルのかわりに大きめの紙を使っても。

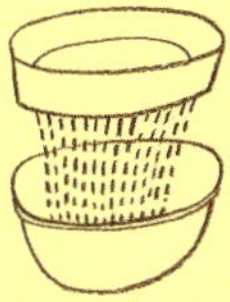

【ふるう】 →ふるい入れる

【分離】 成分が分かれてしまうこと。水と油、しっとり生地とがっちり生地など。

分離

【分量外】 レシピの中に出てくる分量以外に適宜、ということ。

【ふんわり】 **ラップを——かける** やわらかい焼き菓子をぴちぴちに隙なく包むと、生地がはがれたりくずれたりします。余裕をもって包むこと。アルミホイルで——包む

【ベーキングパウダー】 膨らませるもの。アルミを添加してあるものと、入っていないものがあります。どちらにしても使う量は少量を心がけて。たくさん入れるとびっくりするような味になります。ふくらし粉、重曹。 →苦い

【へた】 果実のがくの部分。

【ほぐす】 泡立てる、まではいかない。溶いたり、絡まりをなくしたりすること。卵を——

【ぼそぼそ】 クリームを泡立てすぎて、もしくは冷やさずに泡立てて分離した状態のこと。生クリームを少量足せば復活することも（そのために少量残しておくのも手です）。あきらめてそのまま泡立て続けて最後に塩を入れれば、バターになります。→泡立てる

【保存】 **——する** すぐに食べないおやつは保存しておかないとしけったり傷んだりします。それぞれに適した保存方法があり、クッキーなど乾燥したものは乾燥剤と一緒に容器に入れて冷暗所で、水分の多いケーキ類は容器に入れたり、ラップで包んで冷蔵庫に入れる。シロップを保存する時には、煮沸消毒した清潔な瓶で。とはいえ、家のおやつは、たくさん作りすぎず早めに食べ切るのが一番おすすめです。

【ポピーシード】 けしの実。あんぱんにくっついている白いタイプと、ケーキなどに使う青いタイプ（ブルーポピーシード）があります。スーパーの製菓コーナーで見つからない時は、スパイス棚にあることも。

ま

【混ぜる】 一口に混ぜるといってもおやつによって程度が変わります。一本調子で臨んでいると、イメージと違う仕上がりになることも。なお、ボウル（容器）の下には常にぬれ布巾をしいておくと、ごろごろ転がらず楽に作業ができる。

軽く混ぜ合わせる 完全に混ざらず、材料同士がそれぞれ残って見えていてもいい。

さっくり—— 力を入れずに、へらを立てて使う。

さっと—— しつこくしないで。手短に。

すくい上げながら—— 粉やメレンゲを混ぜ込む時の基本動作。左手でボウルを手前に45度ずつ回しながら、右手はゴムべ

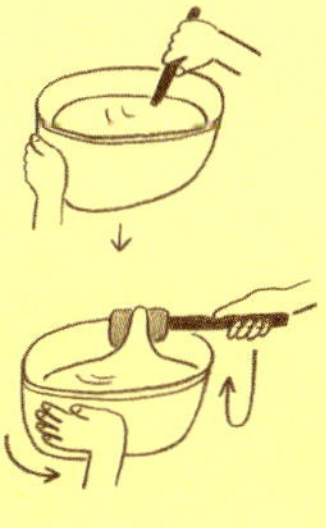

らで底から生地をすくい上げるように混ぜる。せっかく立てた泡を消したくない時に。

すり―― ボウルの底をこするように混ぜること。泡立てるのとは違う。砂糖と卵を――

絶えず―― 焦げ付いたり、だまにならないようにするため。

手早く―― 時間をかけると泡が消えてしまったり、状態が変わる場合に。ただしむらを残さないように、スピーディだけどていねいに。

なめらかに―― 乱暴に混ぜない。

練らないように―― 押しつぶさないように、さっと混ぜること。

よく―― 材料同士がひとつになるように混ぜること。

【まとまらない】 →生地

【ミキサー】 果実、野菜、豆腐など、色々なものを細かく砕く電気装置。ざるやすり鉢でも代用可能。フードプロセッサーも仲間。密閉性が高いので、水分が多いものはミキサーを使うことが多い。

【水】（ヨーグルトの）

――切り フィルターをセットしたコーヒーのドリッパーやキッチンペーパーをしいたざるなどに入れておくと、乳清（乳脂肪分以外の水分）が下にもれ出てフロマージュブラン（チーズ）のようになる。ジャムやはちみつを添えたらこれだけで立派なデザート。

――くさい もっと食べたいのに、遠慮して言い出せない。

――気を切る 余分な水分をざるなどに入れて落としたり、振って落としたり、布巾やペーパータオルで吸い取ったりする。

――気をとばす 火にかけて水分をなくす。

――にさらす 水をためた所に浸す、もしくは流水をかけ続けること。

――をふり入れる 生地をまとめるために水分を加える際、一ヶ所にどばっと入れると、そこだけ水を吸ってしまい、まとまりにくくなる。ぐるっとまんべんなくかけるようにしましょう。

【ミルサー】 粉末を作る時に使う。ほうじ茶はそのままより、粉末にした方が味が出やすいのです。

【蒸し焼き】 フライパンなどで焼く際に、水分を加えながら焼くこと。生地をしっとり、かつ香ばしく仕上げたい時に使う方法。

【蒸す】 蒸気で材料をふかすこと。蒸し器がない場合には、鍋の底に湯をはって、台（100円ショップなどでも売られている）を置き、その上に材料を並べて代用できます。むしパンの場合は容器をそのまま鍋に置き、容器の真ん中にくるまでお湯をはればOK。蒸し器や鍋の、ふたと本体の間に布巾をかませます。→かませる 布巾をかませておかないと、蒸し器や鍋などで蒸す時に蒸気が材料に落ちてべちゃべちゃになります。ふたを布巾で包み、持ち手のところで真結びにしておくと、ふきんの端に火が燃え移ったりしないので安心。火事のもとなのでくれぐれも空焚きに注意すること。

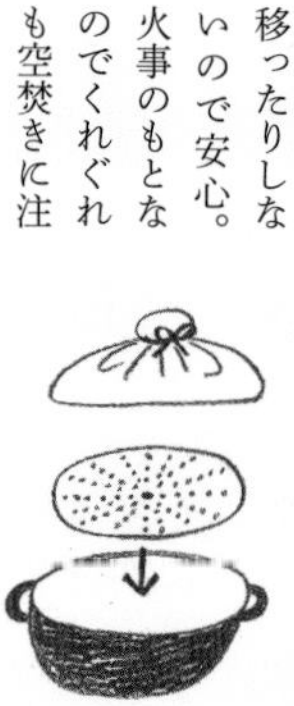

【むちむち】 むっちりしていること。

【むっちり】 しまっていて弾力のある様子。

【めん棒】 生地をのばす時に使う棒。すりこぎ、ラップを巻いたままの芯でも代用できます。

【もったり】 **――する** 泡立てているうちに、とろりと濃度がついてくること。手ごたえが出てきて重く感じられるようになること。

もったり

【もっちり】 もちもちとどっしり、両方。

【もてる】 人気があること。ちなみに、この本における「もておやつ」はモカロールとほろ甘チョコケーキのようです。

【もどす】 **やわらかく――** クリームチーズの場合、固まっていた状態のものに指をさしてすっと入るくらいの状態にすること。

【もれる】 **クリームが脇から――** 泡立てがゆるすぎた、もしくはクリームを塗りすぎましたね。

や

【やけど】 **――する** →熱々

【湯煎】 直火であたためず、お湯をはったボウルや鍋をあてて、その中で間接的にあたためること。外側のボウルが大きすぎるとお湯があふれてきて中身と混じってしまうため、ふたつの大きさは同じくらいのものを重ねるのがベストでしょう。ぐらぐら煮立った湯だと中身に火が通ったり変質することがあるので、50〜60度くらいの湯を使うのが理想。チョコレートやバターを溶かしたり、卵を泡立てるのに便利。

【ゆでる】 たっぷりのお湯で。

【よい】 **使うと――** 使うと便利だよ。

【洋酒】 西洋からやってきたお酒。

【酔っぱらう】 洋酒の入れすぎ。味見のしすぎですね。

【予熱】 **――する** 指定の温度で焼けるよう、あらかじめあたためておくこと。おこたると、焼き上がるのにいたずらに時間がかかるか、生焼けになるかもしれません。また、焼いている途中に何度も開け閉めをくり返すと温度が下がってしまいます。

【余熱】 残った熱。

ら

【ラップ】 食品用ラップフィルム。
――をかぶせて冷ます →冷ます

【ラムレーズン】 乾燥したレーズンをラム酒に漬け込んだもの。ケーキに焼き込んだりアイスクリームのトッピングにも

【卵白】 卵の白身。
――を冷凍庫で冷やす →冷やす

【冷暗所】 温度が低く、直射日光の当たらない場所のこと。クッキーやナッツ、ドライフルーツなどの食材の保存に。梅シロップの瓶などは廊下や火から離れた台所など。日当たりのよい場所は避けましょう。

冷暗所

【冷水】 氷を入れた水。冷やしておいた水。
――にとる 冷水を用意しておいて、ゆでたものをそこに浮かべる。白玉は生地がしまってぷりぷりの食感に。

わ

【輪切り】 →切る

【わた】 ふわふわしたかたまり。
かぼちゃの―― 中心部分の種ともじゃもじゃしたひげが固まっているところ。取る。
柑橘の―― 皮をすりおろしておやつに使う時にわたまで入ると苦くなるので、皮の表面だけをすりおろすようにする（例外的に小夏や日向夏のわたは甘くおいしい）。

【割る】 **切れ目に沿って――** 力を入れると、変なところから欠けたりします。力を入れないで割れ目にそっと手を添えるときれいにできます。 例）P.42玉ねぎビスケット

【割れる】 **生地がひび――** →生地

おやつは自由

――おわりに、にかえて――

子どもの頃、お稽古から帰ってお腹を空かせたわたしと姉に、家業を手伝ってくれていた親戚のおばちゃんが作ってくれた小さな「ごま塩むすび」。ごはんに黒ごまと塩を混ぜてにぎっただけのものなのに、なんだかやわらかくて甘みがあって、ほんとうにおいしかった。何度もリクエストしては、おばちゃんに作ってもらいました。

そしてfoodmood（フードムード）という名前で仕事を始める前に働いていたレストランでのこと。忙しいランチタイムを終えて夜の仕込みをしながら、ふと気がつくとお腹がぺこぺこになっていて、そんな時にはきまって「ごま油ごはん」でした。あまりものの三分づき米を小皿によそい、ごま油、しょうゆをたらっとかけて、黒こしょうをひく。立ったま

ま食べるこのごはんは、体にしみるおいしさでした。

　このふたつも自分にとっては大切なおやつの記憶。甘くてもしょっぱくても、何をどんな風に食べるかは自由なのです。今になってみると、「ごはんとごはんの間に食べる心をおだやかにする食べ物」、それが自分にとってのおやつなのだなあと改めて思います。

　今回この本を作るにあたり、スタッフとともにたくさんのおやつを作って食べました。毎回たっぷりほうじ茶を用意しておしゃべりしながらテーブルを囲むのは、小さい頃に家族と過ごしたおやつの時間が蘇ってくるような、やっぱり、のびのびとあたたかな気分になるものでした。

　どうぞみなさんも、いつでも誰とでも、自由におやつの時間を楽しんでみてください。この本がその傍らにあったら、こんなに幸せなことはありません。

なかしましほ

1972年新潟県生まれ。

会社勤務、ヴェトナム料理店やオーガニックレストラン等での経験を重ね foodmood(フードムード)の名でお菓子を作りはじめる。

インターネットでの販売を中心にイベントやワークショップでも活動、

「いつ食べても体に負担がなくおいしい」と評判に。

著書に『もっちりシフォンさっくりクッキーどっしりケーキ』(主婦と生活社)

『まいにち食べたい"ごはんのような"クッキーとビスケットの本』(文化出版局)など。

本書の発売と時を同じくして、新しい工房での活動を始める。

http://www.foodmood.jp

デザイン	番 洋樹
写 真	釜谷洋史
イラスト	七字由布
編 集	児玉 藍
資材設計	浜野友樹
印刷監修	前川貴映／米原泰彦(凸版印刷)
印刷進行	桑野雄一郎／池田奈緒子(凸版印刷)
校 閲	坂本 文／楠元 綾
活版印字	渡邉則雄(印刷博物館)
協 力	中島家のみなさん／長津家のみなさん／北川 桂／永井 翔／中川真吾 小田島千晶(GARAGE) http://oda-garage.jugem.jp

おやつですよ
くり返し作るわたしの定番レシピ集

2010年4月25日 初版第一刷発行
2015年3月30日 第七刷発行

著 者　なかしましほ
発行者　飯窪成幸
発行所　株式会社 文藝春秋
　　　　〒102-8008 東京都千代田区紀尾井町3-23
　　　　電話 03-3265-1211
印刷・製本　凸版印刷株式会社

万一、落丁・乱丁の場合は送料小社負担でお取り替えいたします。
小社製作部宛、お送り下さい。定価はカバーに表示してあります。
本書の無断転用・複写は、法律で定められた場合を除き、
著作権法で禁じられています。

© Shiho Nakashima 2010　Printed in Japan
ISBN978-4-16-372480-5